뭘 해도 잘되는 사람의 말투

뭘 해도 잘되는 사람의 말투

잘 풀리는 사람은
이렇게 말한다

이재성 지음

레몬북스
lemon books

몸이 불편하신 부모님을 치유하기 위해 어릴 적부터 책과 배움을 통해 마사지를 시작했다. 장애를 마사지로 완전히 치유하는 건 불가능했지만 부모님은 나의 치유로 행복해하셨다. 하지만 무언가 부족했다. 부모님은 마사지를 받을 때는 기뻐하셨다. 그런데 마사지가 끝난 후에는 또다시 우울하고 부정적인 모습을 보이셨다. 처음에는 몸이 완전히 고쳐지지 못하니 저러시나 보다 생각했다. 나중에야 깨달았다. 장애 때문이 아니라는 것을.

이렇게 내 천직이 시작되었고 점차 소문이 퍼져 각종 스포츠 대회 출전으로 이어졌고, 유명 인사들이 나를 찾아오게 되었다. 그들은 마사지를 받으며 내게 숱한 고민과 상처를 털어놓고 그럼으로써 스트레스를 해소했다.

수많은 사람을 치유하면서 10년이란 시간이 지났을 때 영감이 오듯 번뜩 깨달은 것이 하나 있다. 몸이 불편해지는 이유의 대부분은 상처와 스트레스였다. 그 상처와 스트레스는 바로 '말'로부터 시작된다는 것이다. 누군가로부터 듣는 온전치 못한 말, 누군가에게 건네는 불완전한 말 때문에 상처와 스트레스가 생기고 지속된다. '말 한마디로 천 냥 빚을 갚는다', '말이 씨가 된다', '가는 말이 고와야 오는 말이 곱다' 등 수많은 속담이 있다. 결국 삶이란 만남의 연속이고 그 만남 속에는 항상 '말'이 존재한다. 오는 말이든 가는 말이든 '말'이 훌륭하다면 스트레스와 상처에서 쉽게 벗어날 수 있다. 물론 청산유수처럼 말만 잘하는 것을 말하는 것이 아니다. 의사전달은 의사소통과 전혀 다르다. 전달은 그저 말 잘하고 알리는 기능일 뿐이다. 상대와 하나 되고 친밀해지는 것은 의사전달이 아닌 의사소통이다.

많은 사람이 느끼는 우울함, 부정적 감정, 불안, 상처, 스트레스 등의 근본 원인은 다름 아닌 '말'이었다. 성경은 "우리가 다 실수가 많으니 만일 말에 실수가 없는 자라면 곧 온전한 사람이라"(약3:2)고 말한다. 의사소통이 안 되는 말은 온전하지 못하다. 좋지 않은 모든 감정은 불온전 속에서 생긴다. 나는 이걸 깨닫고 10년 전부터 마사지뿐만 아닌 메시지, 곧 말을 연구하기 시작했다. 의사소통의 대가라는 사람들의 강연을 찾아 듣고 말투에 관한 동서양의 책들을 모조리 섭렵했다. 여기서 그치지 않고 마사지를 받는 고객들과 만나는 모든 사람에게 온전한 말을 그대로 적용해 보았다. 결과는 아주 좋았다. 단순히 뭉친 근육과 척추를 바로잡는 것만이 아닌 스트레스, 상처, 아픔, 불안, 공황장애 등이 사라지는 놀라운 기적이 일어난 것이다. 또한 그들은 내게 온전한 말에 관해 터득하여 의사 전달을 넘어 의사소통의 수준까지 이르렀다. 마치 상처받은 치유자처럼 똑같은 아픔을 가진 이들에게 의사소통으로 치유해 주는 기적을 일으킨 것이다.

말투를 공부하고 사람들에게 적용하면서 내린 결론은 이것이다. "'뭘 해도 잘되는 사람'은 '말'에 완벽한 사람이다." 언제 어디서나 누구를 만나고 어떻게 살아가든지, 온전한 말을 사용한다면 뭘 해도 잘되는 사람이 될 것이다. 오래전 에모토 마사루의 『물은 답을 알고 있다』와 켄 블랜차드의 『칭찬은 고래도 춤추게 한다』를 읽고 내 혀와 삶에 혁명이 일어났다. 만나는 사람마다 칭찬, 격려, 감사, 사랑의 말을 아낌없이 쏟아붓게 된 것이다. 말을 들은 상대방은 물론이고 말을 전한 나 자신까지 좋은 일들이 일어났다. 말을 통해 몸속 70%의 물이 건강하고 아름다운 육각수로 변화되었고, 내면이 고래처럼 기뻐 춤추게 되었다. 내면이 즐겁고 강해지니 외면까지 저절로 튼튼해져 뭘 해도 잘되는 사람이 된 것이다.

생각과 행동 사이에는 '말'이 있다. 어떤 말을 사용하느냐에 따라 생각과 행동에 반드시 그에 맞는 파장을 일으킨다. 나쁜 생각을 잠시 하더라도 좋은 말을 한다면 행동이 좋게 변한다. 반대로 좋은 행동을 하더라도 나쁜 말을 하면 생각이 나쁘게 변한다. 인생의 키는 생각과 행동에 있지 않고 오직 '말'에 있다. 선장은 배의 방향을 바꾸는 키를 조종하여 목적지로 향한다. 우리의 귀한 인생 또한 '말'이라는 키를 조종하여 항해해 나간다. 나를 지배하고 이끌어가는 것은 '말'이다.

혹자는 내면을 바꾸면 말이 변한다고 말한다. 맞는 말이다. 본질이 바뀌어야 현상이 바뀌기 때문이다. 하지만 시간이 많이 걸린다. 그리고 우리 내면은 쉽게 바뀔 수 없다. 바뀌었다 하더라도 언젠가 옛 생각으로 다시 돌아가는 것이 인간이다. 그렇다면 내면을 쉽게 바꾸는 좋은 방법은 무엇일까? 즉시 말을 바꾸는 것이다. 제임스-랑게 이론에 따르면 슬퍼서 우는 게 아니고 울어서 슬프고, 행복해서 웃는 게 아니고 웃어서 행복하다고 한다. 지금 내 생각이 어딘가에 집중하기보다는 좋은 말의 기준을 잡고 말해보는 것이다. "감사합니다." "우리 할 수 있습니다." "너무 멋있어요." 말은 생각과 행동을 생산한다. '말'이라는 키가 내면을 운전해 준다. 인생을 아름답게 항해해 준다.

나는 20년 동안 1만 명의 고객을 만났다. 그리고 그 고객들은 나의 말투로 인해 뭐든지 잘되는 사람들이 되었다고 믿는다. 이 책을 읽는 당신도 그렇게 될 것이다.

CONTENTS

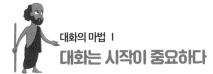

대화의 마법 IV

대화는 조금만 바꿔도 큰 변화가 생긴다

대화의 마법 V

좋은 대화는 마음가짐에서 나온다

대화의 마법 VI

함께 이기는 대화를 해야 한다

대화는 시작이 중요하다

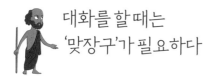

대화를 할 때는 '맞장구'가 필요하다

"나는 대화를 떠올릴 때면 늘 여성과의 대화를 떠올린다. 왜냐하면 가장 좋은 대화란 영감을 주며, 이에 상응해 '맞장구'라는 신성한 요소를 필요로 하는데, 이 요소를 여성이 아니면 어디에서 찾을 것인가?"
– 올리버 웬들 홈스

우리는 살아가면서 수많은 사람과 관계를 가진다. 그 핵심에는 대화가 존재한다. 대화로부터 인간관계가 시작되고, 문제도 해결된다. 부모와 자식, 오너와 직원, 선생과 제자, 친구와 친구 등 우리가 만나는 모든 사람과의 대화는 필수불가결한 요소이다. 지구상에 대화가 존재하지 않는 곳은 어디에도 없다. 대화는 사람과 사람 관계에서 가장 중요하며 가치 있는 소통의 요소이다.

사람과의 대화에서도 가장 중요하게 생각할 것이 있다. 바로 '맞장구'다. 음악에는 리듬이 있고 운동경기에는 패스가 있듯, 대화에는 맞장구가 있다. 맞장구가 없는 대화는 무미건조한 대화로 시작하여 소통장애로 이어진다. 사람은 누군가 내 말에 공감해 줄 때 가장 기쁘다. 그 공감의 바로미터가 '맞장구'다. 상대방의 이야기에 공감해 주는 사람에게 예의 없이 행동하거나 거칠게 말하기란 쉽지 않다. 곧 맞장구는 상대에게 호감을 주고 대화를 주도해 나가는 대화의 핵과 같은 존재다.

우리는 태어나면서부터 맞장구를 경험한다.

아기: 응애 응애
엄마: 우리 율아 배고파요?
아기: 응애 응애
엄마: 우리 율아 졸려요?
아기: 응애 응애
엄마: 우리 율아 응가했어요?

위의 예시를 보면 아기는 '응애 응애' 하고 울기만 한다. 배고프고, 졸리고, 불편한 감정들을 '응애 응애'로 표현할 수밖에 없다. 엄마는 똑같이 우는 아기에게 맞장구를 쳐준다. 아기가 우는데 '우리 아기 기분이 좋아요?'라고 맞장구치는 엄마는 없다. 아기는 자신의 이야기에 맞장구쳐 주는 엄마에게 사랑을 느낀다. 그리고 아기는 엄마를 신뢰하게 된다. 이렇게 아기와 엄마는 애착 관계를 형성한다. 이것이 맞장구의 힘이다.

아이가 성장하는 과정에서도 맞장구는 중요하다.

〈예시 1〉

율아: 엄마, 오늘 학교에서 선생님께 혼났어요.

엄마: 우리 율아가 선생님께 혼이 나서 속상하구나. 왜 혼이 났을까?

율아: 숙제 안 해서 선생님께 모두 혼이 났어요.

엄마: 아, 율아가 숙제를 안 해서 선생님한테 혼이 났구나.

율아: 이제부터 미리미리 숙제를 해야겠어요.

엄마: 그래 우리 율아! 미리미리 숙제를 한다고 하니 엄마는 너무 기쁘구나.

〈예시 2〉

율아: 엄마, 오늘 학교에서 선생님께 혼났어요.

엄마: 왜 혼났니?

율아: 숙제 안 해서 선생님께 모두 혼이 났어요.

엄마: 그러니까 왜 숙제를 안 해갔니?

율아: 이제부터 미리미리 숙제를 해야겠어요.

엄마: 빨리 들어가서 숙제나 해.

아이는 학교에서 숙제를 하지 않아 선생님께 혼이 나고 집에 돌아온 상황이다. 〈예시 1〉은 아이의 속상한 마음을 엄마는 먼저 공감해 주고 있다. 〈예시 2〉는 아이의 감정에 공감 없이 엄마가 하고 싶은 말만 한다. 아이는 공감, 즉 맞장구를 쳐주는 부모로부터 '엄마는 나의 이야기를 듣고 있어'라는 생각을 하게 된다. 이런 엄마의 맞장구는 '엄마는 내 편이야' '나를 무척 사랑하셔'라는 확신을 갖게 한다. '그랬구나' '기뻤구나' '정말?' '대단하구나' 이런 맞장구들은 아이의 자존감을 높여준다.

'천재란 1%의 영감과 99%의 땀으로 이루어진다'는 말을 남긴 최고의 발명가가 있다. 바로 토머스 에디슨이다. 어릴 적 호기심으로 가득 찬 에디슨은 모든 것이 궁금했다. 파란색인 하늘, 떨어지지 않는 별들, 알에서 나오는 병아리 등 수도 없이 선생님께 질문했다. 돌아오는 대답은 '바보' '이상한 아이' '저능아'였다.

하지만 한 사람, 에디슨의 엄마 낸시는 남달랐다. 에디슨의 어떤 질문에도 답해주고 맞장구쳐 주며, 너는 '특별한 아이'라고 용기를 심어줬다. 엄마의 맞장구에 에디슨은 다짐했다. 엄마의 기대를 저버리지 않기 위해 훌륭한 사람이 되겠다고. 맞장구는 기적을 상식으로 만들고 한 사람을 역사의 인물로 만든다.

상대방의 말에 공감하지 않고 맞장구를 쳐주지 않으면 죽은 대화나 다름없다. 상대방의 에너지를 크게 감소시킨다. TV 프로그램을 보면 방청객이 맞장구치고 끄덕이는 장면들을 보게 된다. '아~' '네~' '정말요?' '우아' '좋아요' 같은 맞장구로 진행자에게 힘을 불어넣는다. 그럴 때 앞에 서 있는 진행자는 밝고 기운찬 얼굴로 프로그램을 진행해 나간다. 맞장구는 상대방에게 활력을 주고 강하고 긍정적인 에너지를 심어준다.

축구 선수 손흥민은 경기 때마다 수많은 관중의 사랑과 응원에 싸여 좋은 경기들을 펼쳐왔다. 하지만 얼마 전까진 코로나19로 인해 무관중으로 축구 경기를 뛰었다. 사람들은 그때 무관중 시합을 하게 된 손흥민 선수의 활약을 걱정했다. 2019년 10월 15일 평양에서 펼쳐진 축구 경기 때문이다.

한국과 북한과의 축구 대결은 그야말로 사상 초유의 특이한 경기였다. '무관중 무중계 무승부' 응원도 없고 중계도 없었다. 최고 스트라이커 손흥민도 인터뷰에서 "기억하기 싫은 경기"라고까지 했다.

지금 영국 프리미어리그 토트넘에서 손흥민은 무관중에도 대활약을 펼치고 있다. 어떻게 된 일일까? 축구게임에서 나오는 응원 소리를 경기장 내에 울려 퍼지게 한 것이다. 손흥민은 응원 소리라는 맞장구에 힘을 얻은 것이다.

2002년 한·일 월드컵에서 한국팀이 기적적으로 4강까지 올라갔다. 온 국민이 빨간색 티셔츠를 입고 목이 터져라 '대~한민국'을 응원한 결과이다. 선수들조차 국민들의 응원으로 인해 4강까지 갈 수 있었다고 한목소리를 냈다. 응원 소리, 곧 '맞장구'는 단체든 개인이든 무한한 에너지와 열정을 끌어올리는 단단한 무기이다.

나는 이동할 때 택시를 자주 이용한다. 그때 맞장구쳐 주는 기사님을 만나면 기분이 좋다.

기사: 어세 오세요! 좋은 아침입니다. 어디로 모셔드릴까요?

손님: 네. 수고가 많으십니다. 대전역으로 가주세요.

기사: 네! 대전역으로 모셔드리겠습니다. 정장이 잘 어울리세요. 중요한 업무가 있나 봐요?

손님: 네, 중요한 업무가 있어서요. 칭찬해 주셔서 감사합니다.

기사: 오늘 업무 잘 보시길 바랍니다.

손님: 감사합니다. 좋은 기사님을 만나 오늘 업무가 잘될 것 같습니다.

기사: 저도 손님이 제 차에 탑승해 주셔서 감사합니다.

이런 기사님을 만나면 계산할 때 팁을 얹어 드린다. 어떤 기사님들은 아예 인사조차 안 하고 목적지도 물어보지 않는다. 손님이 먼저 인사하고 목적지를 말할 때는 마치 벽에 대고 말하는 것과 같다. 목적지로 가는 동안 어떤 기사님을 만나느냐에 따라 천국도 되고 지옥도 된다.

맞장구가 없는 대화는 불편하다. 벼랑 끝에 혼자 매달려 대화하는 느낌이다. 삶은 사람들과의 끊임없는 관계의 연속이다. 관계는 대화로 형성된다. 그 대화에 맞장구가 있느냐 없느냐에 따라 하루의 질이 결정된다.

맞장구는 대화의 흥을 돋우는 윤활유의 역할을 한다. 본래 맞장구란 한국 전통 악기인 장구를 두 사람이 마주 보고 흥겹고 신명 나게 치는 것을 말한다. 잠깐의 시간이라도 서로의 흥을 돋우고 대화를 신명 나게 이끌어가는 힘은 맞장구에 있다. 마치 한국 전통무술 '택견'과 비슷하다. 서로 '이크에크' 하며 한 발씩 신명 나게 춤추듯 주고받는 모습을 볼 때 맞장구가 연상된다.

반복되는 많은 말보다도 한 번의 맞장구가 상대방의 마음을 쉽게 열 수 있다. 유능한 세일즈맨은 많은 말로 고객을 현혹하지 않는다. 단지 고객의 니즈를 충분히 듣고 맞장구쳐 준다. 그래서 고객들의 마음을 단숨에 사로잡는다.

미국 토크쇼의 제왕 래리 킹(Larry King)은 대화의 3·2·1 법칙을 말했다. 3분간 듣고 2분간 맞장구치고 1분간 말을 하라는 법칙이다. 또 강철왕 카네기도 1·2·3 법칙을 말했다. 1번 말하고 2번 듣고 3번 맞장구치라는 법칙이다. 결국 내 말을 적게 하고, 상대의 말을 잘 듣고, 들을 때 꼭 맞장구를 치라는 공통된 이야기다.

심리학자 조지프 마타라조(Joseph Matarazzo)는 맞장구가 인간에게 미치는 영향에 대한 실험을 했다.

우선 경찰관 면접을 보러 온 사람들을 A, B 두 그룹으로 나누어 진행했다. A 그룹에게는 질문을 던져주고 그 질문에 답변할 때 고개를 끄덕여주고 맞장구를 쳐주었다. 반대로 B 그룹에게는 어떠한 맞장구도 쳐주지 않았다. 실험 결과, 맞장구를 쳐준 A 그룹의 응시자들이 약 50% 정도 더 많은 말을 하는 것으로 밝혀졌다. 이 실험은 '맞장구'가 타인에게 많은 말을 하게 한다는 것을 말해주고 있다.

맞장구는 상황에 따라 다르게 사용된다.

● 동의할 때 맞장구
'맞아요.' '그렇죠.' '확실해요.' '틀림없어요.' '충분해요.' '그거면 될 듯해요.'
● 감탄할 때 맞장구
'대단합니다.' '놀랍네요.' '할 말을 잃었어요.' '영광스러워요.' '신기합니다.'
● 격려할 때 맞장구
'할 수 있어요.' '분명 이루실 겁니다.' '같이 해봅시다.' '잘될 겁니다.'
● 공감할 때 맞장구
'안타까워요.' '그건 그래요.' '아, 정말요?' '그런 줄 몰랐어요.' '아쉽네요.'

대화라고 다 같은 대화가 아니다. 대화를 매력적으로 주도하길 원한다면 공감과 배려의 바로미터인 '맞장구'로 무장해 보자.
토크계의 거장 래리 킹은 말한다. "지금 상대가 하고 있는 말에 진심으로 관심을 보여라. 그러면 상대방도 당신에게 그렇게 할 것이다. 훌륭한 화자가 되기 위해서는 먼저 훌륭한 청자가 되어야 한다."

석학의 지식을 지녔다고 모두 훌륭한 청자라 할 수 없다. 화자에게 관심을 갖고 공감과 배려의 자세로 맞장구칠 때 훌륭한 청자가 탄생한다. 매력적인 대화는 청자 곧 듣는 이의 맞장구에 달려 있다.

"모방이 아니라 관심을 갖고
들어주는 게 가장 진실한 아첨이다."
- 조이스 브라더스

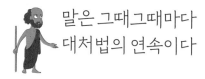

말은 그때그때마다 대처법의 연속이다

문제: 무덤에 있는 사람에게는 없고, 살아 있는 사람에게는 있는 것은? (정답: '문제')

우리는 태어나서 죽을 때까지 평생 문제 속에서 살아간다. 내가 원하든 원하지 않든 닥쳐오는 문제를 해결해야 하는 문제적 인생들이다. 어떤 문제는 운 좋게 해결되지만 어떤 문제는 불가항력적이다. 하지만 해결하지 못할 문제는 없다.

'하늘이 무너져도 솟아날 구멍이 있다', '신은 인간에게 감당할 만큼의 시련을 준다'는 말이 있듯이 어떤 문제라도 해결 방법과 묘책이 있다는 뜻이다. 그 해결 방법은 무엇일까? 바로 내가 변하는 것이다. 똑같은 문제가 와도 A라는 사람은 해결하고 B라는 사람은 해결하지 못한다. 결국 '문제'는 문제가 아닌 '나'이다.

성경에는 '너희가 땅에서 풀면 하늘에서도 풀리리라', 서양 속담에는 '하늘은 스스로 돕는 자를 돕는다'라는 말이 있다. 인간(나)이 스스로 문제를 해결하면 하늘에서도 문제를 함께 풀어준다는 뜻이다. 그렇다면 인간(나)이 문제를 해결할 수 있는 기술과 문제를 풀어줄 묘책은 무엇일까? 바로 소통의 기본인 '말'이다. '말'은 많은 상황을 대처하게 해준다.

삶은 늘 문제의 다양성과 대처법의 연속선상에 있다. 훌륭한 대처법은 어색한 상황, 가벼운 만남, 중요한 발표, 억울한 입장, 사랑하는 순간, 이별의 시간 등 일어날 상황을 생각하고 할 말을 준비하는 것이다.

● 靑 "文대통령, 주말도 반납하고 국회 개원 연설문 준비했는데……"
"문재인 대통령은 6월 5일에 개원 연설을 할 수 있을 것으로 보고 30분 분량의 긴 연설문을 준비했다. 얼마나 공이 들어갔을지 짐작이 가능하리라 믿는다."
청와대 핵심 관계자는 1일 오후 기자들을 만난 자리에서 문 대통령이 제21대 국회 개원 연설을 준비했다가 여야 협상이 타결되지 않아 개원 연설을 하지 못한 상황에 대해 아쉬움을 전했다. 미리 준비했던 개원 연설문은 상황 변화에 따라 효력을 잃고 다시 개원 연설문을 준비하는 과정을 반복했다는 얘기다.
청와대 핵심 관계자는 "심혈을 기울여 준비한 연설문은 개원식이 계속 지체되면서 상황이 바뀌어서 구문으로 바뀌어 버렸다. 그래서 연설문을 다시 준비했다. 전면 개작을 해야 했다"면서

"완전히 연설문을 또 한 번 새로 써야 했다. 이번 주말에도 문 대통령은 주말을 반납하고 연설문 작성에 몰두했다"고 설명했다. 또 "문 대통령은 연설문을 세 번 전면 개작했다. 크고 작은 수정 작업까지 포함하면 모두 여덟 번 연설문을 고쳐 썼다"면서 "연설문에는 코로나로 인한 국난 극복 의지와 한국판 뉴딜 등 경제 문제가 주요한 주제였다"고 말했다.

— [아시아경제 류정민 기자, 손선희 기자] 2020.07.01

문 대통령이 지체되는 21대 국회 개원식에 대처하기 위해 주말을 반납하고 여덟 번 연설문을 고쳤다는 내용이다. 정치적인 견해를 떠나 문 대통령의 연설을 들을 때면 단숨에 매료된다. 7월 16일 21대 국회 개원식에서 문 대통령은 연설 중간에 박수를 20번 정도 받았다. 완벽에 가까운 연설은 사전에 많은 준비 과정을 거친 노력의 결과물이다. 철저한 준비를 통해 국민들과 의원들이 쉽고 정확하게 알아들을 수 있는 연설을 한 것이다.

"좋은 연설의 9할은 준비의 정도에 달렸다." - 데일 카네기
"만약 어떤 주제에 대해 충분히 훌륭하게 말할 수 있다면, 그 주제를 정복한 것과 마찬가지다." - 스탠리 큐브릭

미국 역사상 처음으로 4선 대통령을 역임한 루스벨트는 뛰어난 화술의 대가였다. 그는 누구나 알아듣기 쉽게 비유를 들어 생생하

게 그림을 그리듯 설명했다. 루스벨트는 많은 시간에 걸쳐 연설문을 준비했다. 원고가 마음에 안 들면 계속 생각하고 고치는 과정을 거쳤다.

루스벨트와 같은 시대에 활약한 영국의 조지 6세는 말더듬이 왕자였다. 조지 6세는 마이크와 국민들 앞에 서는 것을 두려워했다. 하지만 그는 유능한 언어치료사의 도움으로 많은 노력 끝에 명연설을 하게 된다. 영화 〈킹스 스피치〉를 보면 그의 노력이 얼마나 큰지 느낄 수 있다.

인간이 말에 대한 관심을 가지고 끊임없이 준비해야 하는 이유는 뭘까? 바로 모든 상황에는 말이 존재하기 때문이다. 말로 해결할 수 없는 문제는 없다. 상황에 맞는 말이 문제를 해결하고 사람의 운명까지 바꾼다.

중국의 시인이자 수필가인 주쯔칭은 "사람이 사는 곳은 모두 말이 오가고, 오가는 것이 있는 곳에는 모두 말이 있으니, 이른바 세상 물정의 절반은 말하기 속에 있구나"라고 말했다. '말'은 반드시 준비되어야 하며, 살아가며 일어나는 모든 상황에 적절히 사용돼야 한다.

회사 엘리베이터에서 상사와 마주쳤을 때 상황이다.

직원: 안녕하세요. 좋은 아침입니다.

상사: 재성 씨, 좋은 아침이네.

직원: 과장님~ 어제 한국과 이탈리아 축구 경기 보셨나요? 안정환의.그 역전골!

상사: 물론이지. 어떻게 그 경기를 안 볼 수 있겠나! 너무 즐거웠다네.

직원: 저도요. 과장님! 오늘 과장님의 업무에 행복이 가득하길 바라겠습니다.

상사: 고맙네. 아침부터 이렇게 좋은 말을 들으니 벌써부터 힘이 나네.

직원: 저도 감사합니다. 오늘도 파이팅하겠습니다.

엘리베이터 안에서 준비한 인사말을 사용하면 상사와의 관계가 한층 밝아진다. "안녕하세요." "좋은 아침입니다." "축구 경기 보셨나요?" "행복이 가득하길 바라겠습니다." "파이팅!" 등 가벼운 인사말이지만 공통점을 찾게 되고 서로 기분 좋은 상황을 연출하게 된다. 누구든지 상대가 좋은 인사말을 할 때 기분이 좋아진다. 준비된 말은 하면 할수록 관계의 힘이 증폭된다.

수영을 하기 전에는 준비 운동이 꼭 필요하다. 골프도 라운드에 가기 전에 스크린에서 연습한다. 인간관계에서도 깊은 대화를 하기 전에는 인사말부터 준비해야 한다. 그것이 안 되면 관계가 지속되지 못한다.

거짓말을 하는 사람 때문에 마음이 불편한 상황일 때가 있다.

직원: 사장님! 몇 개월 동안 밀린 월급 주신다는 약속 믿고 기다려왔습니다.

사장: 어 그래? 조금만 더 기다려줄 수 있나? 회사에 빚이 많고 가정도 말이 아니라네.

직원: 계속 기다렸습니다. 더 이상 안 됩니다. 저도 챙겨야 할 가정이 있습니다.

사장: 정말 더 기다려줄 수 없겠나? 한 번만 더 부탁함세.

직원: 네 사장님! 더 기다릴 수 없습니다. 제가 일한 부분이 있기에 당당히 요구할 권리가 있습니다. 이번 주로 해결되지 않으면 법적인 절차를 밟겠습니다. 꼭 해결해 주십시오.

이런 뜻하지 않은 상황들은 언제나 닥쳐올 수 있다. 그때마다 말을 준비하여 대처하지 않는다면 권리를 주장하지 못하는 나약한 사람으로 보인다.

유튜브를 보면 '카통령'이라는 중고차 업계 사람들이 나온다. 이들은 중고차 매매로 피해당한 사람들을 도와주는 영상을 찍는다. 100% 전액 환불을 목표로 가해자들을 만나 목소리 한 번 높이지 않고 차분하게 설명해 나간다. 결과는 100% 전액 환불이다. 이들의 영상을 통해 말로써 상황에 따라 어떻게 대처하는지를 보게 된다. 흥분하지 않고 차분하게 조목조목 잘못된 부분을 따져가면서 환불을 요구한다. 이들에겐 어떤 상황도 두렵지 않은 듯하다.

어떤 상황이든 닥치기 전에 미리 준비해야 한다. 가벼운 만남의 경우, 무례한 사람, 부정적인 사람, 막말하는 사람의 경우, 중요한 발표의 순간 등 상황에 맞는 말로 대처하기 위해 준비해야 한다.

연예인들은 시상식이 있기 전에 수상 소감을 미리 준비해서 연습해 간다. "오늘을 살아가세요." "아름다운 밤입니다." "뜻밖의 상을 받게 되어 기쁩니다." "어머니가 믿는 하나님, 아버지가 믿는 부처님께 영광을 돌립니다." 이런 준비된 멋진 수상 소감으로 한층 더 호감 가고 매력 있는 연예인이 된다.

상황별 대화 대처법

가벼운 인사: 아침이나 점심, 사람을 만날 때 가볍게 인사를 한다. 이때는 가볍게 안부를 묻는 식의 대화를 하면 된다.

 "날씨가 참 좋습니다." "얼굴이 좋아 보여요." "무탈하시죠." "식사 맛있게 하셨죠." "산뜻해 보이세요." "잘 주무셨죠." "에너지 넘쳐 보이세요." "비 오는 소리가 마음을 안정시키네요."

무례한 상황: 경우에 따라 전혀 말이 되지 않는 무례한 상황이 생길 수 있다. 그때는 단호한 대처를 통해 그가 잘못했음을 주지시켜 줌과 동시에 경고를 해야 한다.

"조금만 조심해 주셨으면 합니다." "이렇게 행동하시면 제가 불편합니다." "지금 상황들 때문에 제가 많이 힘듭니다." "이렇게 행동하시는 이유를 모르겠습니다." "계속 이러시면 곤란합니다." "한 번만 더 이렇게 하시면 경찰을 부르겠습니다."

비난의 상황: 생산적 비판을 할 때에는 겸허히 수용하고 나의 발전의 계기로 삼아야 한다. 감정적 비난, 비생산적인 비난의 경우에는 그 말은 무례한 말에 불과하므로 단호한 대처를 해야 한다.

"더 발전된 모습을 보여드리겠습니다." "제 실수가 큽니다. 노력해서 실망시키지 않도록 하겠습니다." "감사합니다. 주신 말씀 깊이 새겨듣겠습니다." "잘 알아보시고 말해주세요." "지금 하신 말씀 후회하지 않을 자신 있으세요?" "조심해서 말씀해 주시면 고맙겠습니다."

사과의 상황: 누구나 잘못할 때가 있다. 그때는 사과를 해야 한다. 사과의 핵심은 즉시 하되 진심을 담아야 한다는 것이다.

"진심으로 죄송합니다." "제가 실수했습니다." "제 생각이 짧았습니다." "다신 이런 상황을 만들지 않겠습니다." "마음 졸이게 해서 죄송합니다." "바로 사과하지 못해서 죄송합니다." "정말 유감입니다." "불편한 상황으로 몰고 가서 죄송합니다."

칭찬의 상황: 사람은 누구나 인정받고 싶어 한다. 인정받고 싶다면 상대방을 먼저 칭찬해야 한다. 상대방의 장점을 빨리 파악하여 칭찬해 본다.

"인상이 좋으시네요." "옷이 너무 잘 어울리시네요." "운동하시나요? 몸이 매력적입니다." "목소리 트레이닝 받으시죠? 귀에 쏙쏙 들어옵니다." "어떤 상황에서도 침착함을 잃어버리지 않으시네요. 멋집니다." "훌륭한 질문이세요." "좋은 일 있으신가요? 기쁨이 가득한 얼굴이세요." "정말 힘드신 상황이신데 굳건히 이겨내시는 모습 제게 큰 도전이 됩니다."

클레임 상황: 어디서나 원하지 않는 서비스로 인해 불편함을 느낄 수 있다. 이때는 무작정 화를 내기보다는 정중하게 상황을 설명해야 한다. 그리고 수정해야 할 내용들을 정확히 이야기한다.

"지금 많이 불편하네요. 이 상황을 해결해 주셨으면 합니다." "제가 알고 있는 것과 다릅니다. 수정해 주십시오." "전에 받은 서비스와 많이 다릅니다. 전하고 같은 서비스를 받고 싶습니다." "좀 많이 당황스럽네요. 무슨 상황이죠?" "이러이러한 문제로 인해 환불을 받고 싶습니다."

위로의 상황: 누구든 언제라도 아프거나, 절망에 빠졌거나, 힘들

거나, 일어설 힘이 없을 때가 있다. 따뜻한 말 한마디로 위로해 줄 때 그보다 더한 보약이 없다. 내 입이 치유의 통로가 되어보자.

"그럴 수 있습니다." "너 정도면 충분해." "너라면 할 수 있어." "같이 고민해 보자." "이제 일어나세요." "좋아질 겁니다." "저도 얼마 전 같은 일을 겪었어요." "오늘 같이 걸어요." "제가 함께할게요." "뭐 도울 일 없나요?"

　말로 대처한다는 것은, 훌륭한 웅변가가 되거나 유명한 아나운서처럼 말하라는 것이 아니다. 지금 내 앞에 있는 사람들과 원활한 소통을 하는 것이다. 우리에겐 '말'이라는 가장 큰 대처법이 있다. 무작정 말하는 것이 아닌 상황별로 말할 것들을 준비해서 전하는 것이다. 가진 자가 줄 수 있다. 말할 거리를 가지고 있어야 대처할 수 있다.

　신은 인간에게 감당할 만큼의 시련을 준다. 그 시련의 매듭진 문제들을 스스로 풀어야 한다. 매듭진 것의 대부분은 '말'로써 풀어 나갈 수 있다. 인생은 생방송이다. 준비된 '말'로 되돌릴 수 없는 인생을 멋지게 대처하여 살아가 보자.

"인생은 생방송 홀로 드라마 되돌릴 수 없는 이야기
태어난 그날부터 즉석 연기로 세상을 줄타기하네"
-송대관

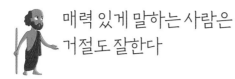

매력 있게 말하는 사람은
거절도 잘한다

"평화를 원하거든 전쟁을 준비하라." -베게티우스

　호수 위의 백조와 발레하는 여성의 상체는 그 자태가 아름답고 우아하다. 평온하면서 예쁜 곡선을 그리는 모습들을 보면 저절로 감탄하게 된다. 그런데 언뜻 보기에는 평온하지만 물 밑 발길질과 무대 위 하체 동작들은 전쟁을 연상시킨다. 위에서는 평화롭고 아래에선 전쟁 같은 모습이 모순되어 보인다. 로마 전략가 베게티우스는 '평화'를 위해 전쟁도 치러야 한다고 말했다. 아름다움을 연출해내기 위해 몸부림치고, 평화를 위해 전쟁도 마다하지 않는 것이다.

　매력 있는 말도 그냥 만들어지지 않는다. 아름다운 꽃이 만들어지기까지 일부를 자르고 다듬는 과정을 거친다. 매력 있는 말의 탄생도 안 좋은 말들은 자르고 좋은 말들을 다듬는 과정을 거쳐야 한다.

험한 전쟁을 치러야 매력 있게 말을 할 수 있다. 그 말의 전쟁 가운데 가장 험한 전쟁이 있다. 바로 '거절'이다. 거절은 이래도 저래도 어렵다. 거절을 해도, 못 해도 상대가 미워지고 부담스러워진다. 관계가 틀어질까, 나쁜 사람이 될까, 상처받을까 이런저런 생각으로 거절이란 어려운 결정이다.

전쟁이 없으면 평화가 없듯, 거절이 없다면 매력 있는 말의 소유자가 될 수 없다. "어쩌지?" "아 그래요?" "네? 어떻게 하면 좋죠?" "그렇지만……" "잘 모르겠는데……" "어떻게 해야 할지 모르겠어요……" 이런 애매한 대답은 부탁하는 상대방이 기대도 포기도 못 하는 난처한 상황을 만든다. 또 단호하지 못하고 흐지부지한 의사표시가 상대방을 의도치 않게 악인으로 몰고 간다.

매력 있게 말하는 사람은 "아니요"를 잘한다. 거절해야 말의 주도권을 쥘 수 있고 인정받을 수 있다. 거절은 나를 삶의 주인으로 만들어준다.

친한 친구가 있다. 돈을 적게 벌지 않는데도 늘 돈돈 타령한다. 이유인즉 주변에서 돈 부탁할 때마다 거절을 못 하기 때문이다. 말은 청산유수같이 잘하지만 부탁받는 순간에 할 말을 못 하고 질질 끌려 다닌다.

영철: 이번에도 급하게 돈이 좀 필요해서 너한테 이렇게 사정한

다. 이번 한 번만 더 빌려줘.

병진: 그…… 그…… 그래? 이번에도 또 필요해? 나도 많이 없는데 어떻게 하지?

영철: 내가 다 갚는다고 말했잖아. 저번것까지 한 번에 다 갚을 테니 걱정 말고 빌려줘.

병진: (그래 친구 좋다는 게 뭐냐) 알겠어! 이번에도 진짜 믿고 빌려줄게 꼭 갚아줘.

친구들 말을 들어보면 병진이는 단 한 번도 부탁을 거절한 적이 없다. 이 친구 저 친구들이 거절하지 못하는 병진이의 약점을 알고 계속 돈 부탁을 한다. 무리가 되는 부탁이라면 용기 있고 확실하게 거절해야 한다.

"시간을 주체적으로 관리해야 합니다. 거절하지 않으면 그렇게 할 수 없죠. 다른 사람이 내 삶을 결정하도록 두지 마세요." 세계적인 투자가 워런 버핏은 꼭 중요한 업무들 빼고 다른 일들은 모두 거절한다. 거절하고 확보한 시간은 자기개발에 쓴다. 워런 버핏을 세계적인 인물로 만든 것 중 하나는 '거절'이다.

워런 버핏의 말처럼 다른 사람이 내 삶을 결정하도록 내버려 두면 안 된다. 거절 못 하는 습관이 반복되면 어느 순간 '주객전도'의 현상이 일어난다. 주인은 손님처럼 손님은 주인처럼 행동을 바꾸어 한다는 말이다. 거처가 없는 친구를 집으로 데려왔는데 어느 순간부터 집 안에서 주인 행세를 하는 것과 같다. '호의가 계속되면 권리인 줄 안다'는 영화 대사처럼, 부탁이 당연한 권리인 줄 착각하게 된다.

거절하지 못함은 자기 영역을 침범당하고 틈새를 공격당해 자유를 잃어버린 삶을 살아야 하는 것이다. 나의 영역과 타인의 영역에 선 긋기를 잘해야 자유가 확보된다. 내 삶의 주인공은 '나'다. 누구도 내 삶을 책임지지 않는다. '나' 없이는 아무것도 없다.

유교사상이 짙은 한국은 체면 문화가 강하다. 남보다 나를 중시하지 않고 나보다 남의 시선을 중요시한다. 자신의 정체성과 가치보다는 남이 나를 어떻게 보느냐에 중점을 둔다. 한국이 OECD 국가 중 자살률이 1위인 것과 한국에만 있는 '화병'도 체면 중시 경향이 강한 이유다.

『기적을 이룬 나라 기쁨을 잃은 나라』의 저자 다니엘 튜더는 말한다. "한국 사회에서 체면은 '내가 누구인지'가 아니라 '내가 누구여야 하는지'의 문제이기 때문에 체면 인플레이션이 심각하다."

그렇다. 내가 상대에게 어떻게 보이는지 상대에게 나는 누구인지가 거절의 걸림돌이다. 거절하지 못하는 내면 깊은 곳에는 체면이 자리 잡고 있다. '어떻게 하면 좋은 사람으로 보일까?' '더 착한 사람으로 보일까?' 착하게 보이려고 체면 차리는 것은 삶의 주도권을 상대에게 내주는 것이다. 남의 시선에 따라 인생의 향방을 바꿔야 하는 희생적인 삶을 사는 것이다.

우리는 누구에게나 다 좋은 사람일 수 없다. 착하다고 알아봐주는 사람이 얼마나 될까? 뻔뻔하면 좀 어떤가! 뻔뻔함은 주도적 인생을 살아갈 수 있는 가장 큰 무기이다. 지금은 나를 표현해서 인정받고 후회하지 않는 삶을 사는 시대이다.

내 인생은 타인의 것이 아니다. 타인 인생의 들러리가 아니라 내 인생의 주인공이 되어야 한다. 그 시작은 '거절'로부터 된다. 타인의 그림자에서 벗어나 노예가 아닌 온전히 내 인생을 사는 것, 바로 '거절하는 힘'이다.

거절은 상대방과 내가 더욱 잘 지내기 위함이다. 나의 사적인 부분을 인정받기 위해서다. 관계를 조화롭게 만들고 건강한 경계선을 만드는 일이다. 거절은 그의 부탁을 거부할 뿐 사람을 거부하는 것이 아니다. 사람들은 상대방이 나의 거절로 인해 '상처받지 않을까? 체면 구겨지지 않을까?' 걱정한다.

그래서 여기 좋은 기법이 있다. 맛있고 신선한 '샌드위치 기법(Y, N, Y)'이다. 상황을 인정해 주고, 체면을 세워주고, 상대의 가치를 인정하고 예의 바르게 행동하는 기법이다.

Yes는 먼저 관심을 보이고 긍정적으로 상황을 본다. No는 부드럽지만 당당하게 거절 의사를 밝힌다. Yes는 마지막 좋은 쪽으로 한마디를 덧붙이는 것이다. 이때는 다른 대안을 제시하면 좋다.

매주 있는 회식자리에서 상사의 계속되는 술 권유에 이제는 몸도 마음도 지쳤다. 이때 쓰는 샌드위치 기법이다.

Yes: 팀 화합을 위해서 매번 이렇게 회식을 열어주셔서 너무 좋습니다.

No: 그런데 과장님, 매번 음주하고 집에 들어갈 때마다 아내와 아이들이 무척 싫어하고 분란이 일어납니다. 일전에 이상이 있어 병원에서 간수치도 확인했는데 좋지 않게 나오더군요. 상황이 좋아지면 그때 다시 잔을 들겠습니다.

Yes: 오늘은 제가 과장님 옆에 꼭 붙어서 술잔이 비지 않도록 채워드리겠습니다.

친구들 모임에서 자리에 없는 다른 친구가 여러 명에게 인신공격당하는 상황이다. 친구들이 내게 한마디 해달라고 할 때 쓰는 샌드위치 기법이다.

Yes: 오늘 함께 대화하고 서로의 사연들을 나눈 시간들이 너무 귀하다. 서로를 더욱 알아가는 것이 이렇게 기쁜 일인지 몰랐어.

No: 그런데 나는 자리에 없는 사람의 흉을 보는 건 좋지 않다고 생각해. 우리 중에 한 명이 또 똑같은 일을 겪는다 생각하면 기분이 어떨까? 험담은 다시 돌아온다는 속담이 있어. 그래서 난 험담하기가 싫어.

Yes: 우리 더 생산적이고 즐거운 이야기를 해보자.

친구가 급하게 돈 부탁을 할 때가 있다. 매달 지출해야 할 돈인데 친구는 아무 사정도 모르고 집요하게 부탁할 때 쓰는 샌드위치 기법이다.

Yes: 얘기 들어보니까 정말 곤란한 상황인 거 같구나. 그동안 많이 힘들었을 것 같아.
No: 그런데 너한테 도움이 되지 못할 것 같아. 여유가 되면 널 백 번이고 도와주고 싶은데, 지출해야 될 금액들이 꽤 많고 아내한테 돈을 맡기고 있어서.
Yes: 대신 여유 있는 친구를 찾아서 나도 부탁해 볼게.

매력 있게 말하는 사람은 '샌드위치 기법'에 능하다. 상대방의 분노를 일으키지 않고, 서로 다치지 않게 부드럽고 당당함으로 맞서는 묘책이다. 샌드위치 기법에 중요한 것이 있다. 애매하게 거절하지 않고 정확하게 거절하며, 거절에서 끝나지 않고 새로운 대안을 제시해 주는 것이다.

- "오늘은 안 됩니다. 이번 주까지는 해드릴 수 있습니다."
- "돈 부탁은 어려워. 돈 말고 다른 것 필요하다면 꼭 얘기해 줘."
- "깎아드리는 것은 어렵습니다. 대신 사은품 하나 더 드리겠습니다."

- "저는 프로젝트에 참여하기가 어렵습니다. 유능한 사람을 알고 있으니 소개해 드리겠습니다."
- "몸을 다쳐서 심한 운동은 어려워. 가볍게 같이 산책하면 좋겠다."

고대 그리스의 철학자 피타고라스는 이렇게 말했다. "된다, 혹은 안 된다고 말할 때는 신중하게 생각해야 한다. 깊이 따져봤을 때 부적절한 일이라고 판단했으면, 솔직하게 안 된다고 말하라. 그러지 않으면 피동적인 상황에 빠지고 말 것이다. 이것은 자신은 물론 상대에게도 모두 불리하다."

부탁을 승낙하는 것은 기술이 없어도 누구라도 할 수 있다. 그러나 거절하는 것은 기술이 없다면 쉽지 않다. 거절도 기술이다. 반드시 기술로 거절해야 한다. 거절은 타인에게 죄 짓는 것이 아니다. 당연한 일이다. 부탁이 없었다면 거절과 승낙의 고민을 할 필요가 없다. 우리는 거절할 권리가 있다. 죄인처럼 굴지 말고 의인처럼 당당하라.

〈거절의 유익〉

1. 개인 시간을 확보하여 시간낭비를 막는다.
2. 더 중요한 일을 처리할 수가 있다.
3. 내면과 외면에서 용기를 얻게 된다.
4. 나를 상대하기 어려운 사람으로 인식한다.
5. 내 부탁에 상대가 거절해도 충분히 수용할 능력이 생긴다.

6. 나의 가치관과 원칙을 분명히 한다.

7. 자아정체성을 확립해 나갈 수 있다.

거절에 능한 사람은 자기 자신을 제대로 파악하고 있다. 튜더의 말처럼 '내가 누구여야 하는지'가 아니라 '내가 누구인지'를 아는 사람은 행복하다.

"행복하다는 것은 소스라쳐 놀라는 일 없이 자기 자신을 알아가는 것이다"라는 독일의 철학자 발터 베냐민의 말처럼, 진정한 행복이란 자신이 누구인지를 아는 것이다. 행복한 삶은 자신을 알고 타인에게 휘둘리지 않는 거절에 능한 삶이다.

매력 있게 말하는 사람들 모두 거절을 잘하는 것은 아니다. 하지만 거절을 잘하는 사람들 대부분은 매력 있게 말한다. 우리는 오늘도 '거절전쟁'에서 승리하여 매력 넘치는 '온전한 나'로 거듭나야 한다.

> "무엇이 옳은 것인지 스스로 결정을 내려야 한다.
> 죄책감 없이 거절을 할 수 있게 된다면,
> 우리는 인생을 확실히 자신의 것으로 만들 수 있다."
> ─앤드루 매슈스

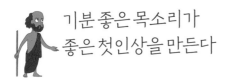

기분 좋은 목소리가
좋은 첫인상을 만든다

"첫인상은 누구도 두 번 줄 수 없다. 그러나 첫인상의 위력은 의외로 막강하다." – 주디 갈런드

첫인상은 관계의 시작이다. 누군가를 처음 만나면 상대방의 첫인상으로 관계를 이어갈지 말지 고민하게 된다. 첫인상이 한번 각인되면 상대방의 다른 모습이 보여도 첫인상의 이미지로 판단하게 된다.

먼저 제공된 정보가 나중에 제공된 정보보다 더 강하게 영향을 미치는 현상을 초두효과(Primacy effect)라고 한다. 이처럼 누군가에게 한번 형성된 첫인상은 쉽게 바뀌지 않는다. 그래서 사람들은 좋은 첫인상을 보이기 위해 여러 가지 노력을 한다. 머리를 꾸미고 얼굴에 화장을 하고 성형을 하고 좋은 옷을 입고 몸을 가꾸고 향수를 뿌린다.

하지만 첫인상에서 가장 중요한 요소가 있다. 바로 '목소리'다. 목소리는 사람 내면의 온도 상태를 나타낸다. 좋아하는 사람에게 밝고 따뜻한 목소리를, 싫어하는 사람에게 짜증 나고 차가운 목소리를 낸다. 훌륭한 외모로 좋은 인상을 심어주고 대화를 시작했다 해도 목소리로 인해 점점 호감이 떨어질 수 있다. 외모와 달리 힘 없는 소리, 경박한 소리, 날카로운 소리, 탁한 소리 때문이다. 이런 목소리는 상대방에게 좋은 첫인상을 줄 수 없다.

외모가 99% 좋을지라도 듣기 싫은 1%의 목소리가 99% 좋은 외모를 야금야금 갉아먹는다. 좋은 첫인상은 외모도 중요하지만, 기분 좋은 목소리가 뒷받침돼야 안정감이 있다.

나: (밝은 얼굴, 경쾌한 목소리로) 안녕하세요! 날씨가 참 좋네요. 오늘 입으신 옷이 화창한 날씨와 잘 어울리네요.

고객: 아, 정말요? 칭찬 감사합니다. 처음 뵙는데 기분이 참 좋습니다. 저는 요즘 허리가 많이 불편합니다. 걸을 때도 누울 때도 계속 아프고 많이 힘드네요.

나: (진지한 얼굴, 따뜻한 목소리로) 아! 허리 부분이 많이 불편하시군요. 그럼 제가 허리 부분에 집중해서 근육을 이완시켜 보겠습니다. 걱정 너무 하지 마시고 편안하게 받아보세요.

고객: 그렇게 말씀해 주시니 다 나은 것 같습니다. 잘 부탁드립니다.

20년 동안 수기치료사로 일하면서 매일 지키는 철칙이 하나 있다. 내게 찾아온 고객들에게 밝은 얼굴과 경쾌하고 맑은 목소리로 다가가는 것이다. 그때마다 돌아오는 피드백은 늘 긍정적이다.

"목소리를 들으니 다 나은 것 같습니다." "선생님 목소리가 저를 치유해 주시네요." "이런 목소리를 매일 들으면 나쁜 세포들은 자라지 않겠어요." "제가 다시 오면 똑같이 말씀해 주실 거죠?" "선생님 목소리와 칭찬이 저의 자존감을 되살리는 것 같아요."

이렇게 아프고 외롭고 서글플 때 긍정적이고 좋은 목소리는 상대방을 살릴 수 있다.

기사님: (밝고 따뜻하게) 네. 어서 오세요. 천천히 올라타세요.
승객들: 감사합니다.
기사님: 모두들 자리에 앉으시고요, 손잡이 꽉 잡으시고요, 대화는 낮은 톤으로 해주시길 바랍니다. 자, 그럼 출발하겠습니다.
승객들: 네, 감사합니다.
기사님: (다음 정거장에 도착했을 때 힘차고 밝은 목소리로) 감사합니다. 조심히 내리시고요, 오늘도 참 좋은 하루 되세요.

손님들에게 기분 좋은 목소리로 인사하는 버스 기사님들을 보게 된다. 흐트러짐 없는 옷과 헤어스타일, 옷 사이로 보이는 작은 마이크로 승객들을 따뜻하게 맞이한다. 따뜻하고 친절한 목소리를 들려주는 기사님을 만날 때마다 복권에 당첨된 것처럼 기쁘다. 기사님의 옷차림과 외모뿐 아니라 따뜻하고 밝고 친절한 목소리가 마음의 변화를 일으킨 것이다. 목소리는 자신의 이미지고 실력이자 자산이다. 좋은 목소리는 상대방을 끌어당기는 힘이 있다.

미국 올브라이트 대학과 볼티모어 대학 공동 연구팀은 목소리와 호감도에 관해 실험했다. 남성 20명과 여성 25명으로 된 연구 대상자들에게 각각 이성 3명의 사진을 보여줬다. 또 전화통화를 한 후 이성에 대한 느낌을 '매력적임', '평범', '매력 없음' 등으로 평가하게 했다. 그 결과 사진 속 외모와 매력은 중요하지 않았다. 전화 속에서 들려오는 목소리가 좋은 사람이 '매력적임'으로 평가가 높았다. 외모보다는 매력 있는 목소리가 상대방에게 더 어필한다는 실험이었다.

매주 토요일 밤 SBS에서 방송하는 〈그것이 알고 싶다〉라는 시사 프로그램이 있다. 미스터리한 사건들을 파헤쳐 가는 28년 된 장수 프로그램이다. 28년 동안 6명의 진행자를 거쳐왔고, 가장 오랜 시간 진행해 온 진행자는 김상중 씨다. 〈그것이 알고 싶다〉의 간판 진행자로 지금까지 방송을 잘 이끌어오고 있다.

특이점은 역대 5명의 진행자들의 수명이 1~6년으로 짧은 데 반해 김상중 씨는 무려 12년이라는 점이다. 그 비결은 단연 특색 있고 신뢰감 있는 목소리에 있다. "그런데 말입니다" 같은 명대사와 명품 목소리가 시청자들로 하여금 방송에 더 몰입하게 해준다. 동시간대 시청률 1위와 애청자들의 큰 호응에는 단연 목소리가 큰 역할을 하고 있다.

"100명 중 90명은 목소리 훈련을 무시하며 중요하다고 생각하지 않아, 평범한 지위에 머물 뿐 더 높이 절대로 올라가지 못할 것이다." - 윌리엄 글래드스턴(William Gladstone)

똑같은 제품도 판매하는 사람의 목소리가 어떠냐에 따라 잘 팔리거나 안 팔리거나 한다. 강한 인상을 주기 위해서는 목소리가 중요하다. 신뢰는 밝고 명료하고 힘찬 목소리에서 나온다. 방송국의 아나운서, 마트 홍보사원, 고객센터의 상담원 등은 목소리가 경쟁력이다. 좋은 상품도 그것을 홍보하는 목소리가 신뢰를 주지 못한다면 누구에게도 이목을 끌지 못한다.

그럼 경쟁력 있고 신뢰감을 주고 기분 좋게 하는 목소리를 가지려면 어떻게 해야 할까?

첫째, 마음가짐을 바꿔야 한다. 상대방에게 목소리를 내기 전에 마음에서 상대를 배려하는 자세를 갖고 시작한다. 만나는 한 사람 한 사람 사랑하는 마음과 나의 형제자매 부모처럼 여기며 마주해 본다. 마음이 바뀌지 않으면 아무리 좋은 소리를 내도 잠깐이고 시간이 지날수록 본심이 드러난다. 설령 목소리가 좋지 않을지라도 배려하고 사랑하는 마음은 그대로 마음 깊이 전해진다. 하지만 이왕이면 따뜻한 마음과 좋은 목소리로 다가설 때 상대방은 마음을 쉽게 열 것이다.

둘째, 호흡이 충분해야 한다. 호흡은 말하기의 체력과 같다. 아무리 좋은 목소리라도 호흡이 부족하면 시간이 지날수록 엉망이 된다. 자신감이 떨어지고 발음과 발성 모두 호흡이 약해 무너지게 된다. 말은 결국 호흡으로 주고받는 것이다. 연기도 호흡이고 감정도 호흡에서 나온다. 대화할 때 긴장되고 말이 빨라지는 것은 모두 호흡 부족 탓이다. 호흡 안에서 소리가 완성되어야 한다. 가슴으로 숨 쉬는 폐호흡을 멈추고 배로 숨 쉬는 복식호흡으로 대화해야 한다. 코로 들이쉴 때 공기가 팽창되어 배가 불룩 나오고 입으로 뱉을 때 배가 쑥 들어가게 한다.

셋째, 발성이 강해야 한다. 발성은 소리의 울림 곧 공명을 말한다. 공명이 충분하면 소리에 힘이 실리게 된다. 중심이 잡히지 못한 소리들은 발성이 약하기 때문이다. 아무리 발음이 좋고 논리력이 있어도 발성이 약하면 목소리가 정확히 들리지 않게 된다. 발성이 강해지려면 자신의 키톤을 찾아야 한다. 동굴에서 내는 모든 소리는 울림이 있다. 입을 동굴처럼 만들고 소리 내어 본다. '아~암~옴~' 이때 자신에게 맞는 듣기 좋은 울리는 부분을 찾아 계속 연습해 본다. 그리고 입 – 비강 – 미간 삼각 구도로 감정을 넣고 소리를 내본다. 충분한 연습을 해보자. 장시간 말해도 목이 아프지 않고 상대방의 마음까지 움직일 수 있는 공명점을 찾게 될 것이다.

넷째, 발음이 정확해야 한다. 발음이 정확하지 않으면 귀 기울여 들어도 불명확하기에 시간이 지날수록 듣기 싫어진다. 같은 한국 말이라도 제대로 들리지 않아 내용을 추측하고 다른 내용으로 알 게 될 수도 있다. 영어권 사람들과 대화할 때 콩글리시를 쓰면 상 대가 난처해하는데 이 경우가 발음 문제 때문이다. 사투리와 혀 짧 은 소리를 내는 사람들은 표준어를 쓰려고 무던히 노력하는 경우 를 본다. 정확한 발음으로 전달해야 상대방이 무슨 말을 하는지 알 아듣기 때문이다. 발음은 글자를 소리 내 읽을 때 입모양과 혀의 위치를 정확히 하면 좋아진다. 입과 혀를 충분하게 스트레칭해 준 다. 또 글자를 읽을 때, 입을 크게 벌리고 하나하나 또박또박 정확 히 읽는 훈련을 한다.

목소리는 외모만큼이나 첫인상에 중요한 역할을 한다. 훌륭한 외모와 멋진 몸매를 가지고 있어도 목소리가 이상하면 대화를 이 어나가기 불편하다. 한 사람의 신뢰도는 목소리에서 완전해진다. 목소리는 말하는 사람의 온도를 느끼게 해준다. 밝고 친절하고 부 드럽고 경쾌하고 따뜻한 인상은 그 사람의 목소리에서 나온다.

우리는 좋은 목소리를 내야 한다. 누구에게나 평생 한 번 각인될 좋은 첫인상을 주고 싶다면 목소리를 훈련해야 한다. 우리의 목소리가 누군가에게 위로와 평안함과 치유가 될 수 있다. 이제부터 사랑의 마음으로 좋은 목소리를 내보자.

"안녕하세요.""만나서 반갑습니다.""꼭 뵙고 싶었습니다.""알게 돼서 영광입니다."

"내가 힘들 때 당신의 따뜻한 목소리는 힘이 되어 나를 일으킵니다."

- 김용화 시인

서로 다름을 인정하고 대화하면
관계가 좋아진다

"다른 사람의 관점에서 세계를 바라보려는 시도조차 해본 적이 없다면 당신 역시 스스로 구축한 작고 편안한 세계의 벽 너머는 바라보지 않으려 하는 것이다." - 줄리안 바지니

우리는 흔히 인간관계를 좋게 하기 위해 노력하는 사람들을 본다. 그들은 상대가 자기와 맞지 않는 모습을 보여도 그 모습을 온전히 받아들인다. 즉 자기와 상반되는 다른 모습도 포용할 줄 아는 자세를 갖춘 것이다. 왜곡하거나 판단하지 않고 있는 모습 그대로를 받아들이는 것이 인간관계 형성의 핵심이다.

성경에 나오는 예수는 그 시대 사람들의 다름을 인정하고 차이를 존중했다. 그런 모습을 본받고 감동받은 제자들은 예수를 위해 목숨까지 바치고 예수를 널리 알렸다. 인간은 모두 개별적인 존재다. 같은 사람은 존재하지 않는다. 모두 다르다. 그 다름을 인정하고 포용하고 대화할 때 좋은 관계가 형성된다.

친구 중에 사람들과 관계가 돈독한 친구가 있다. 친구들 싸움에서 항상 중재자 역할을 한다.

철민: 난 서로 장난치고 주먹질하며 거칠게 지내는 게 진정한 친구라고 생각해.

형진: 그래 맞아. 몸 부딪히며 같이 땀 흘릴 때 더 친해진다잖아. 네 말이 옳을 수 있어.

기영: 아니. 진짜 친구라면 서로 다듬어주고 칭찬하고 온화하게 지내야 한다고 생각해.

형진: 그래 네 말도 100% 공감해. 친구라면 남들보다 더 따뜻하게 다가가야 한다고 생각해.

형진이는 누구를 만나도 항상 상대방의 얘기를 경청하고 마음을 헤아려준다. 설령 상대가 잘못된 언행을 했을지라도 이유가 있을 것이라 생각하고 이해하고 위로해 준다. 거칠게 지낼 때와 온화하게 지낼 때는 같을 수 없지만 형진이는 둘의 다른 모습을 수용한다. 이쪽의 말도 저쪽의 말도 모두 맞기 때문이다. 그래서 형진이 주변에는 늘 친구들이 모인다. 각자의 다른 모습을 부정하지 않고 인정하고 포용하기 때문이다.

인간은 한 사람 한 사람이 모두 작품이다. 공장에서 찍어내는 제품은 모두 똑같다. 사람이 만드는 작품은 비슷할 수 있지만 똑같지 않다. 모두 다르다. 2020년 기준 전 세계 인구수는 77억만 명이다. 이 중 엄지손가락의 지문이 같은 사람이 없고, 생김새나 생각, 말투 등 모든 것이 다르다. 같은 날 같은 배 속에서 태어난 쌍둥이도 얼굴과 생각이 다르다. 몸이 붙어 있는 샴쌍둥이조차도 생각이 다르다.

부모가 다르고 사는 법이 다르고 성별이 다르고 신념이 다르고 만나는 사람들도 모두 다르다. 그 다름을 인정할 때 세상을 더 넓게 바라보고 어떤 상황이든 수용하고 담대히 나아갈 힘이 생긴다. 다른 것은 틀린 것이 아니다.

다름을 수용하는 아내	남편: 여보, 이번 주말에 우리 등산 갑시다.
	아내: 좋아요. 당신이 한 주간 회사에서 스트레스 많이 받은 거 알아요. 등산 가서 맑은 공기도 마시고 오래 걸어서 몸도 가볍게 하고 우리 스트레스 제대로 풀고 오죠.
	남편: 당신 등산 싫어하는 거 아는데 늘 이해해줘서 고마워요.
다름을 수용 못 하는 아내	남편: 여보, 이번 주말에 우리 등산 갑시다.
	아내: 당신이나 등산 좋아하지, 누가 요즘 등산을 해요. 걷다가 넘어져서 다칠 일 있어요? 등산하다 실족사당하는 사람이 얼마나 많은데. 당신이나 실컷 하고 와요. 나는 내가 좋아하는 수영하고 올 테니. 두 번 다시 등산 가자고 하지 말아요!

진정한 소통은 틀림이 아니라 다름을 인정할 때 시작한다.

위 사례에서 다름을 수용하는 아내처럼, 남편과 취미 생활이 다름을 인정할 때 이해와 배려심을 갖게 된다. 반대로 다름을 수용하지 못하는 아내는, 다름을 틀림으로 바라보며 남편을 비방하고 틀렸다고 야단친다. 절대 소통할 수 없는 상황이다. 대다수의 사람들도 상대와 자기를 다른 것이 아닌 틀린 것으로 바라본다. "누구는 어떻다. 누구는 저렇다"며 틀림을 강조하고 고정관념을 세운다. 곧 생각을 틀에 가두기 시작한다. 틀림에서 틀(프레임)이 형성된다. 틀을 다른 말로 '관점'이라고 한다. 그 관점의 눈으로 자기와 조금이라도 다르면 '틀린 인간' '잘못된 인간'으로 바라본다.

인간관계에서 오는 대부분의 갈등은 상대방이 자기와 다르다는 것을 인정하지 않는 데서 출발한다. 다름을 인정하면 많은 갈등을 해소할 텐데, 자기만의 관점에 사로잡혀 다름을 틀림으로 본다. 다름을 인정하면 '다른 관점' 하나가 추가된다. 내 작은 우물의 세계에서 다른 우물을 더하게 되는 것이다.

사람들은 저마다 개성이 있다. 그 개성을 존중하고 이해할 때 서로 배려의 자세를 갖게 된다. 너와 내가 다르다는 것을 인정하고 배려할 때 행복이 시작된다.

"우리는 세계를 깜짝 놀라게 할 것이다", "나는 아직도 배고프다" 같은 명언을 남긴 이가 있다. 바로 2002년 한국 축구를 4강 신화로 만든 히딩크 감독이다. 그는 부임했을 때 가장 먼저 한국 축구계에 만연해 있는 학연·지연의 관점을 바꾸고자 했다. 더 잘 뛰고 기량이 높은 선수를 채용하는 능력 위주 선수 선발의 관점을 심어준 것이다. 그래서 모든 선수들이 죽을 각오로 선발대에 오르기 위해 치열한 경쟁을 했고 4강 신화를 만들었다.

히딩크와 선수들이 능력 위주의 선발이라는 다름의 관점을 수용했기에 한국 축구는 변한 것이다. 학연·지연의 선발을 고집하고 능력 위주를 틀리다고 배척했다면 한낱 동네 축구에 머물렀을 것이다.

이제 관점을 바꿔야 한다. 다름은 틀림이 아니다. 다름을 인정하면 매사가 즐겁고 편하다. 관계의 변화가 찾아온다. 상대방의 행동을 이해하고 수용하게 된다. 말 한마디를 해도 상대의 다름에 맞춰서 배려하여 말하게 된다.

"그분이 그렇게 행동하는 데는 분명 남모르는 이유가 있겠죠." "제 생각은 이런데, 선생님 생각은 어떠세요?" "그 부분은 제가 알지 못했던 건데, 새롭게 알게 되어 기쁘네요." "제 생각을 정확히 읽어주시니 고마워요." "제 관점을 정확히 읽어주셨네요." "선생님과 제 생각이 많이 다를 텐데 모두 이해해 주시고 말씀해 주셔서 감사합니다."

예수는 이 땅에서 자기의 관점을 내세우며 사람들을 틀리다 비판하지 않았다. 사람들의 다양한 상황과 다름을 인정하고 그들의 삶으로 들어갔다. 어부를 변화시키고, 배고픈 자들을 먹이고, 귀신 들린 자와 맹인, 소경을 고치고, 창기를 정죄하지 않고, 따르던 제자들의 배신에도 끝까지 기다려주었다. 예수는 사람들을 있는 그대로 보고 각자의 다름을 인정했다. 그 결과 그들의 필요한 부분 곧 '봐야 할 곳'을 알고 해결해 주었다.

히딩크 감독도 한국 축구의 봐야 할 곳을 찾고 변화시킨 것이다. 우리도 여기에 해당한다. 내 관점을 내세우지 않고 상대의 다름을 인정해 보자. 서 있는 곳이 바뀌고, 보는 곳이 바뀌어, 봐야 할 곳을 찾게 될 것이다.

"다름을 생각하고 훈련할수록 더욱 가까워진다. 가깝고 같다고 생각할수록 다르고 멀어지는 반면, 다르다고 생각하고 내가 다름을 행할수록 더 가까워진다. 희한하게 같은 점이 더 늘어나고 기대하지 않은 것들이 더 충족된다. 가까운 사람들이 나와 같다고 생각했다면 이제부터 가까운 사람들이 나와 다르다고 생각하라. 그러면 관계가 훨씬 쉬워지고 즐거워진다."

에너지바 'Dr. You'의 설계자이고 가정의학과 의사인 유태우 박사가 한 채널에서 했던 말이다. 유태우 박사는 '가까울수록 다름을 보라'라고 말하며 훈련법을 제시한다.

〈생각 훈련〉

1. '나하고 같은 사람은 나밖에 없다'라고 생각한다.
2. '가까운 사람도 남이다'라고 생각한다.

〈행동 훈련〉

1. 다름을 보려고 하고, 왜 다른지 연구하고 이해한다. 다름을 받아들인다.
2. 남이 다르게 행동했을 때 최대 반응(좋아하고 칭찬)을 하라. "오, 그렇게 다른 경우도 있구나." "나는 전혀 몰랐다." "나와 다른 견해지만 훌륭한데."
3. 나부터 의도적으로 다르게 행동하라. 다르게 생각해 보고 다른 태도를 가져보고 다르게 행동해 보라.

내 작은 관점을 잠시 내려놓고 상대의 관점을 바라보자. 봐야 할 곳이 바로 그곳이다. 지금의 나는 내일이면 또 다른 나로 달라진다. 굳게 먹은 마음도 다음 날 눈뜨면 사라지는 게 인간의 모습이다. 나부터도 내일이면 달라지는 연약한 존재다. 상대방의 다름을 인정하자. 지구상에 틀린 사람은 존재하지 않는다. 모두 다를 뿐이다. 우리는 신의 '걸작품'이다.

"나와 다르다 해서 싫어할 이유도 적이 될 이유도 없다.
다름을 인정하면 그만이다."

－해밀 조미하

좋은 대화에는 비결이 있다

유머 대화를 하면
즐거운 대화를 하게 된다

"유머는 가장 위대한 구원이다. 유머가 터지는 순간 짜증과 분노는
사라지고 다시금 유쾌한 기분이 찾아온다." - 마크 트웨인

'스트레스는 만병의 근원이다'라는 말이 있다. 현대인들의 질병
은 대다수가 스트레스에서 시작한다. 심신불이(心身不二). 몸과 마
음은 분리되지 않고 하나로 연결되었다는 뜻이다. 그래서 의사들
은 스트레스를 덜 받게 관리하라고 말한다.

미국 오하이오 주립대학 심리연구팀에 의하면, 스트레스 정도가
높을 때 백혈구 수가 그렇지 않은 사람보다 20~30%나 적은 것으
로 나타났다.

스트레스라는 것은 몸에 부정적 에너지가 가득한다는 신호다.
부정적 에너지가 가득하면 몸의 면역력을 떨어뜨려 인체에 침입한
적과 싸울 힘을 잃게 된다. 스트레스는 아토피, 류머티즘 등 80여
가지 면역질환에도 영향을 미치고, 암에 쉽게 노출되게 만든다.

우리는 늘 스트레스를 받지만 스트레스를 버릴 권한도 있다. 잘못 먹었으면 뱉어야 하듯 스트레스라는 부정적 에너지를 해결할 방법이 있다. 먼저는 배출해야 한다. 눈물을 흘리고 운동으로 땀을 흘리고 기도하고 토로해야 한다. 배출했다면 유입해야 한다. 독서를 하고 여행을 다니고 맛있는 음식을 먹고 즐거운 대화를 해야 한다.

이 중 스트레스 해소법으로 가장 능동적이고 좋은 방법은 즐거운 대화다. 아플 때 항생제 주사를 투여해 통증을 가라앉히듯 즐거운 대화로 몸속에 기쁨을 주입해 준다. 그 즐거운 대화를 유발시켜 주는 것이 '유머'다. 비타민주사 같은 유머는 우리 몸속에 들어가 찬란하게 회복시키는 역할을 한다.

극도의 스트레스로 무기력해지고 모든 것을 포기하고 싶은 날이었다. 입에 대지도 않던 술을 마시고 있을 때 옆자리에 부모와 함께 온 장애를 가진 소녀의 행동을 목격했다.

소녀: 여기요!
종업원: ······.
소녀: 저기요! 거기요!
종업원: 네! 어디······ 부르셨나요?
소녀: 나~~요!

불편한 몸을 이끌고 온 소녀를 보며 너도 나처럼 딱하구나라는 동병상련의 마음을 느꼈다. 그러나 소녀의 엉뚱하고 재미난 유머를 목격하고 나서 큰 충격을 받았다.

먼저는 불편한 몸인데도 유머를 통해 옆에 있는 사람과 자신을 즐겁게 하는 모습을 봤다. 가족들은 또 그런다며 손사래를 치며 웃고, 소녀 자신은 너무 즐거워서 어쩔 줄 몰라 했다. 가족 중 한 명이 아프거나 장애를 가지고 있다면 분위기가 그리 좋지 않다. 하지만 그 소녀의 유머로 가족들이 정말 행복해하는 모습을 보니 나 또한 행복감이 밀려왔다. 그리고 나의 스트레스까지도 그 즉시 해소되는 경험을 했다. 터질 것같이 아프고 심란했던 머리가 유머 한 방으로 사라진 것이다.

유머는 사람을 감동시킨다. 또 유머는 사람의 마음을 열어준다. 답답하고 갇혀 있는 마음을 유머가 뚫어준다.

스트레스(stress)의 어원은 라틴어 'strictus', 'stringere'로 팽팽한, 긴장, 좁음을 의미한다. 스트레스로 인해 사고가 긴장되고 팽팽해져 좁아지니 더 나은 생각을 할 수 없다. 그때 듣게 된 유머는 순환되지 않고 사막같이 변한 사고가 오아시스를 찾은 것과 같다.

유머의 어원은 라틴어 후마누스(Humanus)로, 인체나 동물의 체액, 나무의 수액을 의미한다. 극한 상황에서 유머는 생명수와 같은 역할을 한다.

노스캐롤라이나 대학의 심리학자, 플로리다 국제대학의 과학자 등 공동 연구팀이 있다. 그들은 2012년에 발표된 유머와 웃음 관련 연구 논문을 종합적으로 분석 연구했다. 분석 결과 유머와 웃음, 장난 등이 사람들에게 아주 이로운 것으로 나타났다. 연구원들이 평소 느끼는 극도의 피로감을 없애주는 데 매우 중요한 역할을 하고 있다는 것이다. 또한 연구 성과를 높이는 데 많은 부분 일조하고 있다는 연구 결과들을 발표했다.

또 로마린다 대학의 리 버크 교수는 1시간 분량의 코미디 영화를 본 A 그룹과 보지 않은 B 그룹으로 나눠 실험을 진행했다. 그 후 웃음과 면역체계의 상관관계에 대해서 실험했다. 역시 웃음이 많았던 A 그룹의 면역력이 강해졌다.

유머는 리더십에서도 없어선 안 될 필수조건이다. 대한민국 법조인이자 정치인인 홍준표는 유머의 달인이다. 그의 유머는 유튜브에서 조회수가 급상승할 정도로 인기가 많다. 홍카콜라라는 별명처럼 그의 말은 귀를 시원하게 해준다.

"그 작가가 써준 거 읽지 말고." "자꾸 그 별로 기분이 안 좋은 질문만 하는데, 짤렸다가 언제 들어왔죠? 지난번에 앵커 짤렸잖아요." "만약 저한테 잘못이 있다면 대통령 임기 마치고 저도 감옥 가겠습니다." "저는 세탁기 들어갔다 나왔습니다." "대통령 될 리가 없으니까 그런 꿈은 안 꾸셔도 됩니다."

다소 막말도 있지만 그의 유머러스한 말을 듣고 있으면 갑갑한 분위기가 환기되는 느낌이다.

홍준표는 자신의 페이스북에서 "저는 정치가 처칠처럼 유머가 있고, 작고하신 JP(김종필 전 국무총리)처럼 여유와 낭만이 있어야 한다고 늘 생각해 왔다"고 말했다. 또 "누구하고도 소통과 대화를 할 수 있고 어려운 상황도 쉬운 말로 국민들에게 전달해야 국민적 동의를 받을 수 있다"고 말했다.

홍준표는 유머의 힘을 정확히 알고 있다. 많은 토론 방송에서도 여유 있는 모습으로 안정감을 주곤 한다. 유머가 없는 것은 여유가 없다는 것이다. 또한 위기관리 능력에 대처하지 못한다는 것이다. 리더는 모든 사람을 아우르기에 스피치에 능숙해야 한다. 따라서 리더에게 유머는 필수조건이다.

미국의 40대 대통령 로널드 레이건 대통령도 유머에 능숙한 훌륭한 리더였다. 1981년 3월 30일 워싱턴의 한 호텔 앞에서 괴한이 쏜 총에 맞아 병원으로 실려 갔을 때의 일화다.

얼마 후 영부인 낸시가 병원에 도착하자 레이건이 이렇게 말했다. "여보, 내가 총알 피하는 걸 깜빡했네. 전처럼 영화배우였다면 총알을 피할 수 있었을 텐데." 이 한마디에 레이건의 지지율이 83%까지 상승했다.

다음 해 레이건의 지지율이 30%까지 떨어지자 걱정하는 보좌관들에게 레이건은 큰소리쳤다. "이 사람들아, 그까짓 지지율 걱정하지 마. 다시 한번 총에 맞으면 될 테니까." 레이건은 위기의 상황들을 항상 유머로 대처했다.

세계적으로 유능한 리더들 대부분은 적재적소에 유머를 발휘한다. 영화 〈기생충〉으로 오스카 4관왕을 차지한 세계적 거장 봉준호 감독은 시상식 소감으로 더 유명해졌다. "내일 아침까지 술 마실 준비가 됐습니다." "이 트로피를 오스카가 허락한다면 텍사스 전기톱으로 다섯 개로 잘라서 나누고 싶은 마음입니다." 이 유머들은 각종 매체에 패러디되어 많은 화제가 되었다. 봉준호 감독은 엉뚱하고 재치 있는 유머로 많은 이들의 뜨거운 박수와 환호를 받았다.

상황에 맞는 준비된 유머는 사람의 마음을 사로잡는다. 유머는 대화의 양념이다. 양념이 만들어지기까지 많은 재료와 정성이 들어간다. 유머 또한 하루아침에 뚝딱 나오지 않는다. 유머러스한 대화들을 따라 해보고 저장해서 내 것으로 소화시켜야 한다. 자기의 생각을 사람들에게 각인시키려면 준비된 유머를 상황에 맞게 적절하게 써야 한다. 대중 앞에 서서 강연하거나 설교하는 사람들은 항상 유머를 준비해야 한다.

유머는 아이스브레이킹(ice-breaking)의 역할을 한다. 얼음같이 차가운 분위기를 깨는 능력이 유머의 큰 힘이다. 유머를 준비하여 적재적소에 사용하면 사람들의 마음을 허물고 여러 사람을 하나로 묶는다.

〈유머를 사용할 때 유념할 것들〉
사람들이 싫어하는 유머는 쓰지 않는다.

상대방의 약점을 유머 소재로 삼지 않는다.

간단하고 핵심적인 유머를 사용한다.

준비가 되었다면 앞뒤 가리지 않고 써먹는다.

자신의 스토리를 유머로 삼는다.

대화의 내용과 관련된 유머를 사용한다.

척추 뼈와 뼈 사이에 있는 '디스크'는 몸의 충격을 흡수하는 역할을 한다. 유머도 이와 같이 인생의 위기의 순간마다 어려움을 흡수해 주는 '디스크' 역할을 한다. 유머가 빠진 인생은 삐걱거리는 불완전한 인생이다.

강단에서 많은 유머를 사용한 성직자 헨리 워드 비처는 "유머감각이 없는 사람은 스프링 없는 마차와 같다. 길 위의 모든 조약돌에 부딪칠 때마다 삐걱거린다"라고 말했다.

우리에겐 유머가 필요하다. 유머는 상대를 즐겁게 해주고 많은 이야기를 받아들이는 소통의 역할을 한다. 긍정적 에너지를 증가시키는 '유머'로 즐거운 대화에 참여하자. 유머의 달인이 되라!

"웃음이 저절로 우리에게 오는 것이 아니다.
오히려 우리가 웃음 곁으로 자주 가야 한다."
-개그맨 김형곤

대화할 때 구체적으로 말하면
말에 힘이 생긴다

"말이 있기에 사람은 짐승보다 낫다. 그러나 바르게 말하지 않으면 짐승이 그대보다 나을 것이다." – 사아디 고레스탄

"말하지 않아도 알아요~ 눈빛만 보아도 알아." 국민들에게 익숙한 초코파이 CM송이다. 외우지 않고 저절로 부를 만큼 오랫동안 들어서 잊히지 않는다.

그런데 '말하지 않아도 알아요~' 했던 초코파이 광고가 어느 날 정반대의 콘셉트의 광고를 했다. "말하지 않으면 몰라요. 정(情) 때문에 못 한 말 까놓고 말하자!"로 바뀌었다. 그렇다. 말하지 않으면 모른다. 귀신도 모른다. 지금 내 마음, 내 상황 모두 말해야 알 수 있다.

올림픽 경기에서 한국 감독들이 외국인 심판에게 판정이 잘못되었다며 영어로 항의하는 모습을 볼 수 있다. 그때 심판들은 본인들

의 판정에 문제가 생겼을 수 있다고 생각한다. 그리고 비디오를 돌려 경기를 다시 확인하고 회의를 진행한다. 결국 판정의 오류를 인정하고 다시 판정을 내린다.

한국 감독들이 아무 말도 하지 않았다면 어떻게 되었을까? 말하지 않는다는 건 판정에 승복한다는 뜻이다. 결과를 바꿀 수 있었던 것은 말했기 때문이다. 어느 상황에 처하든 말해야 안다. 말함으로써 해결한다.

"훌륭한 말은 훌륭한 무기다." - 로이 풀러

사람들은 흔히 '말만 들어도 힘이 난다'고 한다. 그렇다면 단순하고 추상적인 말보다 구체적인 말을 했을 때 얼마나 더 큰 힘이 생길까? 정곡을 찌르는 구체적인 말은 상대방에게 구체적으로 힘을 주고 구체적으로 행동하게 한다. 구체적일수록 듣는 사람이 이야기에 몰입한다. 구체적인 말에 영향을 받는다.

유능한 변호사들은 법정에서 구체적으로 변론하여 판결에 영향을 미친다. 또는 판결을 뒤집곤 한다. 구체적이라고 길게 말하라는 게 아니다. 명확하고 생동감 있는 말을 해야 한다. '좋은 게 좋은 거야'라는 말은 잘못된 말이다. 추상적이고 얼버무리면 좋을 수 없다. 구체적으로 말해야 좋은 것이다.

추상적으로 말하는 엄마	엄마: 좀 하지 마!! 왜 이렇게 말을 안 들어!
	자녀: 몰라요!
	엄마: 넌 자꾸 엄마를 너무 힘들게 해!
	자녀: 뭐를 힘들게 해요!
	엄마: 어디서 말대꾸를 해! 좀 혼나야겠다.
	자녀: 맨날 화만 내고, 정말 짜증 나요!
	엄마: 안 되겠다. 오늘 게임기 버리자.
	자녀: 맘대로 해보시든지.
구체적으로 말하는 엄마	엄마: 엄마는 우리 아들이 게임보다는 독서 흥미를 가지면 참 좋을 거 같아.
	자녀: 조금만 더 하고 책 읽을게요.
	엄마: 엄마는 우리 아들을 믿어. 더 좋은 게임 있으면 엄마가 사줄게. 대신 책 읽는 것도 소홀히 하지 않았으면 한다.
	자녀: 와 너무 좋아요! 지금 책 읽을게요.
	엄마: 우리 아들은 정말 멋져요!

첫 번째 사례같이 부모와 자녀 간에 매일 다툼이 끊이지 않는 가정이 있다. 대개는 추상적인 말로 인해 다툼이 시작된다. 정확하고 구체적이지 않은 말이 오해를 일으키고 화를 부른다. 부모가 조금만 인내하고 구체적으로 설명했다면 자녀는 그 말을 알아듣고 행동했을 것이다. 또한 자녀가 부모에게 구체적으로 잘못이 무엇인지 물어봤다면 이해하기 쉽게 설명했을 것이다. 막무가내로 설명 없이 화만 잔뜩 쏟아낸다면 절대 소통이 불가능하다. 추상적인 "하

지 마" "안 돼" "그만둬" 같은 말들은 자칫 권위적인 말로 들리고 반발심만 키운다. 두 번째 사례처럼 부드러운 설득으로 구체적인 말을 한다면 자녀는 기분 좋은 순종을 하게 된다.

구체적으로 말하기 기법 중에 '나 메시지(I Message)' 기법이 있다. 의사소통에서 '나'를 주어로 시작하는 대화법이다. '너' 메시지는 "너 ~하지 마" "너 자꾸 왜 이래?"처럼 권위적이고 공격의 태세를 보인다. 반면 '나' 메시지는 상대의 행위를 비난하지 않고 나의 마음을 전하는 전달법이다.

"엄마는 ○○가 ~했으면 좋겠구나." "아빠가 지금 ~ 때문에 좀 불편해." "너의 ~ 행동에 엄마는 생각을 많이 하게 돼."

'나'를 주어로 사용할 때, 좀 더 부드럽고 구체적으로 상대의 행동을 알릴 수가 있다. 결국 상대에게 마음의 문을 열도록 용기를 주게 된다. 대화는 얼마나 많은 말을 하느냐가 중요하지 않다. 어떤 말을 하느냐가 중요하다.

대충 말하는 상사

상사: 이 문서 알아서 처리해 줘.

부하: 네? 과장님. 잘 모르겠는데요.

상사: 에이~ 왜 그래! 일 한두 번 해봐?

부하: 그건 아니지만…… 해보겠습니다.

상사: 자신감이 없어서 일을 하겠나?

부하: 죄송합니다.

상사: 됐네. 이 사람아! 자네한테 맡기려 한 내가 잘못이지.

구체적으로 말해주는 상사

상사: 김 팀장! 이 문서 분석 좀 해주게.

부하: 네, 과장님. 어떤 건가요?

상사: 저번처럼 타제품 비교 분석하는 거라네. 서로의 장단점을 한번 분석해 보게.

부하: 알겠습니다. 그럼 해보겠습니다.

상사: 저번 김 팀장이 비교 분석한 문건도 대표님께서 매우 만족해하셨어. 이번 문건도 힘을 내보자고. 응원할게!

대충 말하는 상사처럼 알아서 해보라는 식의 부탁은 상대를 곤혹스럽게 한다. 상대는 무엇을 어떻게 해야 할지 막막하기만 하다. 대충 부탁하고서 구체적으로 일처리를 해달라는 것은 욕심이다. 구체적인 답이 오려면 구체적인 사항을 지시해야 한다. 대충 얼버무려서는 원하는 답을 얻지 못한다. 사적인 자리에서는 어느 정도 모호한 말도 허용될 수 있다. 하지만 직장에서 구성원들에게 모호하게 말하는 것은 독이 된다.

"알아서 처리해 줘.""일 한두 번 해봐?"이런 말은 적합하지 않다. 부탁할 것을 머리에 그려보고 구체적으로 요청할 부분을 생각해 본다. 회사의 손실과 직접 연결되어 있기에 분명하고 구체적으로 말해야 한다.

부탁하는 것뿐만 아니라 칭찬도 구체적으로 해야 효과적이다. 뻔한 칭찬은 상대방으로 하여금 '인사치레'라는 인식을 갖게 한다.

누구에게나 하는 뻔한 칭찬 말고 그 사람에게만 할 수 있는 칭찬을 찾아 구체적으로 한다.

"잘생겨지셨네요"보다는 "오늘 바꾼 헤어스타일이 외모와 잘 어울리는 것 같아 참 보기 좋습니다"가, "넥타이가 좋습니다"보다는 "선생님 이미지와 어울리는 넥타이를 고르셨네요. 안목이 좋으십니다"가 좋은 칭찬이다. 또 어디가 좋은지 어떻게 훌륭한지 구체적으로 칭찬해야 상대방에게 평생 잊지 못할 칭찬이 된다.

구체적으로 말하는 방법 중 말 잘하는 사람들이 사용하는 방법 두 가지를 소개한다.

① 숫자를 넣어서 표현하는 방법이다. 구체적인 숫자를 이용하면 설득력이 강해진다.

질문: 집 크기가 어느 정도 하나요?

답변 1: 보통이더라고요.

답변 2: 방 3개와 화장실 2개, 주방과 거실이 있고 팬트리 1개가 있습니다. 두 분이 아이들과 10년 정도 행복하게 살 수 있는 집입니다.

질문: 이 문서 어떻게 처리하나요?

답변 1: 최대한 빨리 해주세요.

답변 2: 7월 27일까지 마무리해야 하고, 총 27장 정도를 준비해

주세요.

질문: 베이브 루스는 어떤 선수야?

답변 1: 홈런왕이래.

답변 2: 베이브 루스는 1918년부터 1934년까지 17시즌 동안 12번 홈런왕에 올랐고, 1935년 은퇴할 때까지 통산 714개의 홈런을 쳤어.

② 'PREP(프렙)' 화법이다. PREP은 Point(요점), Reason(이유), Example(예시), Point(요점)의 약자다. 구체적 말하기 중 최고의 방법이자 인류 최고의 설득술이다. 처칠도 이 화법을 즐겨 사용했다. 이 화법은 아주 간결하고 논리성을 높이는 가장 강력하고 구체적인 화법이다.

P: ○○을 제안합니다.

R: 왜냐하면 ~~ 때문입니다.

E: 예를 들어 한 조사 결과에 ~~ 자료들과 신뢰 있는 데이터, 증거들이 말하고 있습니다.

P: 그렇기 때문에 ○○을 제안합니다.

P: 여보! 당신도 복싱 좀 배웠으면 좋겠어.

R: 해본 운동 중에 가장 몸과 마음을 강하게 해주는 것 같아.

E: 한 연구기관에서 12가지 운동을 분석한 결과 복싱이 칼로리 소모량이 12.8kcal로 가장 높게 나타났어. 또 복싱은 최고의 호신술로도 유명하잖아.

P: 이번 기회에 복싱으로 살도 빼고 몸과 정신을 강하게 만들어보자.

몇 년 전까지 K팝스타 프로그램이 한창 인기를 끌었다. 여러 재능 있는 참가자들이 출연해 자신의 실력을 뽐내고 스타가 되기 위한 과정을 펼치는 무대였다. 그 프로그램에서 가장 눈길을 끈 장면이 기억난다. 바로 박진영과 양현석의 평가였다.

양현석은 "할 말을 잃었네요", "놀라워요", "정말 잘하네요"라고 추상적으로 평가했다. 박진영은 달랐다. "완벽한 공기반 소리반이다", "말하듯이 노래하라, 그래야 감동이 전달된다", "노래가 끌고 가는 대로 끌려가면 돼요"라는 구체적인 말들이 K팝스타를 더 빛나게 했다. 내 뇌리엔 아직도 박진영의 구체적인 말들이 새겨져 있다. 말의 힘은 구체적인 표현에서 생겨난다. 말해보자! 명확하고 구체적으로!!

"말도 아름다운 꽃처럼 그 색깔을 지니고 있다."
—E. 리스

일상의 편안한 잡담이
편안한 대화를 이끈다

"피할 수 없으면 즐겨라." - 로버트 엘리엇

　우리는 원치 않게 불편한 사람을 만나 불편한 대화를 이어갈 때가 종종 있다. 어떤 대화를 하든 내키지 않고 껄끄러운 상황들을 마주한다. 1분 1초라도 자리를 피하고 싶지만 사람을 앞에 두고 쉽게 대화를 멈추기가 어렵다.

　호텔이나 건물에는 모든 문을 열 수 있는 '마스터키(Master Key)'라는 만능열쇠가 있다. 열리지 않던 어떤 문도 이 열쇠 하나로 모두 열리게 된다. 불편한 대화에서도 편안한 대화로 열어주는 마스터키가 존재한다. 그것은 바로 '잡담'이다. 어색한 대화, 불편한 대화 모두 잡담이라는 열쇠를 통해 편안한 대화로 안내한다. 모든 관계는 잡담으로 열린다. 잡담은 관계의 만능열쇠다.

잡담 없는 편의점 사장님

사장: …….

손님: 안녕하세요.

사장: 3,000원입니다.

손님: 봉지에 넣어주세요. 오늘 폭염이라 살이 탈 정도로 무척 뜨겁네요.

사장: …….

손님: 수고하세요!

사장: …….

잡담에 능숙한 편의점 사장님

사장: 어서 오세요. 날씨가 무척 덥죠?

손님: 네! 오늘 폭염이라 많이 덥네요.

사장: 에어컨 밑에서 바람 좀 쐬세요. 여기 냉커피도 시원하게 마셔봐요.

손님: 올 때마다 감사합니다.

사장: 저도요. 3,000원입니다. 봉지에 넣어드릴게요. 폭염 조심하고 또 뵐게요.

손님: 네, 사장님. 감사합니다. 수고하세요.

사례로 든 편의점 두 곳 모두 내가 자주 이용하는 곳이다. 한쪽 편의점은 갈 때마다 기분이 언짢다. 기본적인 인사도 없고 무표정에 어떤 대화도 없다. 고작 계산할 때 가격만 알려준다. 너무 어색한 나머지 분위기를 바꿔보려 내가 먼저 잡담을 해보지만 돌아오는 대답은 침묵이다. 나는 괜한 복수심에 필요한 물건들이 있어도 구매하지 않고 그냥 음료수 몇 개만 사고 나온다. 그냥 잡담 몇 마디만 섞어도 어색하고 차가운 분위기를 바꿀 텐데 생각할수록 아쉽다.

다른 편의점 사장님은 갈 때마다 기분을 좋게 해주신다. 그 핵심은 잡담이다. "날씨가 덥죠?" "옆에 맛집 생겼어요. 맛이 다르던데요. 한번 가봐요." "오늘 안색이 좋아 보여요." "얼마 전에 울릉도 다녀왔는데 잊지 못할 여행이었어요. 꼭 한번 다녀오세요."

아주 간단한 사장님의 잡담이 나와의 거리를 좁히고 편의점의 분위기를 새롭게 한다. 잡담으로 기분도 좋아지니 다른 편의점보다 몇 배로 돈을 더 쓴다. 지나가다 이 편의점 간판만 봐도 사장님 얼굴이 떠오르고 마음이 포근해진다. 잡담은 잡스러운 대화가 아니다. 잡담은 좋은 관계를 위한 일종의 양념이다. 양념이 음식의 맛을 좌우하듯, 잡담이 관계의 맛을 결정한다.

자칭 '영업의 신'이라 불리는 친구가 있다. 술자리에서 영업의 노하우가 뭐냐고 물어보면 항상 들려주는 대답은 똑같다. "계속 잡담하면 돼."

재영: 잘 지냈지? 너 요즘 살이 많이 찐 거 맞지? 몸 관리 잘해라. 성인병에 노출되기 쉬워!
동권: 그래 재영아! 좋은 정보 고맙다. 넌 요즘 보험왕 됐다고 소문이 자자하더라.

재영: 우리 일 얘기는 하지 말자. 재훈이 소식은 종종 있니? 외국
에 잘 있는지 모르겠다.

동권: 이번 학기 마무리하고 한국에 들어온다네.

재영: 친구들 모두 보고 싶다. 다들 모여서 얘기해 본 지가 언젠
지 모르겠다. 몸 관리 좀 해!

친구 재영이의 특기는 잡담이다. 처음부터 끝까지 일 얘기는 일
절 꺼내지 않고 잡담만 늘어놓는다. 만약 보험 얘기만 주구장창 늘
어놓았다면 친구들도 멀어졌을 것이다. 그러나 보험 얘기와 부정
적인 얘기들은 입 밖에 내지 않는다. 잡담과 상대를 위하는 얘기만
꺼내고 꼭 선물도 챙겨주는 좋은 친구다. 당연히 친구들은 재영이
를 통해 모두 보험 하나씩은 가입되어 있다.

재영이는 고객들을 만나도 건강에 관한 잡담을 주로 한다. 고객
들이 진정으로 필요하고 원할 때에만 보험 상품을 설명한다. 그런
재영이가 보험을 시작한 지 2년 만에 보험왕에 오르는 기적을 우
리들에게 보여주었다. 잡담 속에 영업의 노하우가 있다. 잡담이 능
력이다.

"초보는 1시간의 진지한 대화에 매달리고, 고수는 1분의 잡담에 승
부를 건다." - 야스다 다다시

내가 만난 수많은 고수들도 그러했다. 유머스하며 잡담에 많

은 시간을 할애하는 전문가들이었다. 절대로 일에 대한 부담을 주는 상황을 만들지 않는다. 오직 잡담으로 상대의 마음을 열고 들어와 편안한 대화 내용으로 따뜻함을 심어주고 떠난다.

고수들은 누구라도 알 만한 이야기를 꺼내므로 상대방이 여유를 갖게 한다. "비 많이 온다던데 우산 안 챙기셨어요?" "이제 올림픽 시즌이네요." "나이아가라 다녀오셨죠? 저도 갔다 왔는데 정말 환상이에요." 이렇게 상대가 한마디라도 더 할 수 있는 화제를 찾아 잡담을 이어나간다.

애리조나 대학의 마티아스 멜(Matthias Mehl)과 그의 연구팀은 대학생들을 상대로 한 가지 연구를 했다. 대학생들 옷에 마이크를 달고 4일 동안 12분 30초마다 30초씩 나누는 대화를 녹음하게 했다. 그리고 연구팀은 학생들이 녹음한 대화 내용을 잡담(뉴스, 날씨, 연예계 등)과 중요한 대화(과학, 철학, 과제 등)로 분류했다. 연구 결과 대학생들의 대화는 3분의 1 정도만 중요한 대화였고, 5분의 1 정도는 잡담이었다.

연구 결과가 말해주듯 잡담은 실생활에서 빼놓을 수 없다. 잡담은 대화의 양과 질을 차원 높게 만들어주는 마법과 같다. 또한 잡담은 관계의 문을 열어주고 상대의 마음의 문을 여는 만능열쇠다.

주제별 잡담

날씨: 날씨만큼 가장 무난하게 사용하는 잡담은 없다. 생각하지

않고도 술술 나오는 주제이다. 또한 앞으로의 날씨까지 알려줌으로써 친절을 베풀게 된다.

"오늘 날씨가 참 화창하네요. 이럴 때 야외에서 돗자리 깔고 자연을 만끽하고 싶어지네요.""오늘 점심부터 비가 많이 내린데요. 우산 잘 챙기세요.""폭염이래요. 땀 앞에 장사 없어요. 손수건 챙기셨죠?""미끄럼 방지 신발 착용하는 게 좋을 듯해요. 저녁에 눈이 쌓이고 길이 얼음판이 된대요."

뉴스: 오래된 소식보다 한 주간 있었던 최근 뉴스 소식을 전해야 한다. 되도록 부정적인 소식은 피한다. 긍정적이고 따뜻한 주제로 잡담을 펼치는 것이 관계 온도를 따뜻하게 하는 데 도움이 된다.

"오늘 뉴스에서 한국의 코로나 방역이 세계 방역의 기준이 된다고 세계에서 극찬을 하네요.""영화 〈기생충〉이 오스카 시상식에서 4관왕을 했다는 소식 뉴스에서 보셨어요?""유기견들을 몸 불편하신 할머니가 자식처럼 키운다는 뉴스를 봤는데 너무 감동이더라고요."

여행: 여행에 관한 잡담을 하게 되면 서로의 경험은 다르지만 그 추억을 소환하며 흐뭇해진다. 여행 관련 정보를 들으며 서로 설레고 경험의 공통점들을 발견하게 되어 하나가 된다.

"이번 휴가 어디로 갈 예정이세요?" "아이들 방학 때 가실 물놀이 장소 알아보셨어요?" "이번 일주일간 외국으로 나갈 예정입니다. 혹시 추천해 주실 나라 있으신가요?" "며칠 전에 계룡산으로 북캉스 다녀왔는데 정말 좋더라고요."

건강: 누구나 자신의 건강을 일순위로 생각하고 있다. 건강 관련 잡담은 유익한 정보를 공유하면서 서로에게 건강 지킴이의 역할을 한다. 자신의 건강을 돌아보는 시간이 된다.

"그렇게 운동해도 줄지 않던 몸무게가 군것질을 끊고 운동하니 무려 10kg나 줄었어요." "근 손실을 막기 위해 단백질은 꼭 필수로 드시는 게 좋더라고요." "매번 뵐 때마다 활기가 넘쳐 보이세요. 혹시 추천해 주실 운동이 있으신가요?" "요즘 몸은 좀 어떠세요?"

음식: 음식에 관한 잡담은 상대의 식욕을 자극하고 좋은 음식점을 찾지 못할 때 유용한 정보가 된다. 또 서로 식사하는 계기를 만들게 되고 더 좋은 관계로 발전하게 된다.

"요 옆에 새로 생긴 회전초밥집 가보셨어요? 메뉴도 다양하고 맛이 일품이에요!" "혹시 이 지역에 추천해 주실 맛집 있나요? 여자친구와 데이트 예정입니다." "100m쯤 가면 치즈돈가스집이 있는데 기다리는 줄이 끝도 없더라고요. 잊지 못할 맛입니다."

잡담은 신뢰를 만들어주는 재료다. 잡담은 유대감을 형성해 주고 서로의 마음을 편안하게 해준다. 또 잡담은 관계의 기초공사다. 기초공사가 약하면 반드시 문제가 생기듯 관계의 허술함도 잡담의 부족으로 생긴다. 충분한 잡담은 관계의 구멍 난 곳들을 튼실하게 메워준다. 삐걱거리고 울퉁불퉁한 관계의 비포장도로를 고속도로로 바꾸는 역할을 잡담이 가능케 한다. 대화가 불편한가? 관계의 만능열쇠 '잡담'을 통해 편안한 대화를 만들어가자. 잡담이 해낼 것이다.

"잡담에 결론은 필요 없다."
-사이토 다카시

분노가 담긴 말투는
반드시 버려야 산다

"분노가 우리를 죽인다." - 레드퍼드 윌리엄스

　사람이 가지고 있는 감정 표현 중에서 가장 위험한 것이 '분노'
다. 물론 분노가 전부 나쁜 것만은 아니다. 무엇을 바로잡을 때, 저
항할 때, 목표를 이룰 때, 최선을 다할 때 등 의롭고 좋은 분노도 있
다. 그러한 분노는 잘 간직해서 목표를 이루기 위한 강한 동기가
되게 해야 한다. 하지만 나쁜 분노는 늘 무언가 파괴한다. 분노가
담긴 말투로 인해 먼저는 자신이 화를 입게 되고, 주변과 세상에
고통과 파괴를 준다.

　분노는 영어로 'anger'이다. 여기에 알파벳 'd'를 단어 앞에 붙이
면 'danger' 곧 '위험'이 된다. 분노는 위험한 다이너마이트다. 분
노는 사람을 죽인다. 분노를 버려야 산다.

　욱하고 순간 치밀어 오르는 화를 참지 못해 상대에게 해를 입히

는 분노 사건들이 많다. 대표적으로 대한항공 일가의 '분노 갑질' 사건이 있다. 조현아, 조현민, 이명희 이 세 모녀의 행동은 국민들의 큰 공분을 샀다. 또 대한항공 이미지에 큰 타격을 입혔다.

조현아: 이렇게 서비스하는 거 맞아? 야! 너 무릎 꿇고 매뉴얼 찾아! 어따 대고 말대꾸야!
조현민: 날 잘 모르나 보지? ××시끄러워! 당신 월급에서 까요. 월급에서 깔까? 징계해!
이명희: 제대로 해. 이 개××야! 크게 말해!!!!, 죽어라. 이 ×× 같은 개××들아!

국민들은 한국을 대표하는 항공사의 세 모녀의 심한 말에 분노했다. 청와대에 '대한'이라는 단어를 박탈하라고 청원까지 올리게 됐다. 대한항공 직원들은 울분을 토하며 설명문까지 냈다. 세상에 드러난 총수 일가의 분노 갑질은 빙산의 일각이고 더 많은 사건들이 있었다고 말한다.

로마의 시인 호레이스는 '분노란 짧은 광기'라고 했다. 분노는 순간적으로 미친 사람으로 만든다. 순간을 더 나쁘게 해석하며 자신을 광기로 몰아간다. 자신의 화를 주체하지 못해 고성 지르고 욕하고 폭력과 살인을 저지른다. 분노하며 광기 부리는 사람은 본능으로 살아가는 짐승과 별반 다를 게 없다.

우리 사회 이곳저곳에 분노 사건들이 넘쳐나고 있다.

2016년 5월 17일 새벽, 강남역 노래방 화장실에서 불특정 여성을 칼로 살해.

2017년 6월 8일 오전, 양산 ㄱ아파트에서 시끄럽다며 아파트 외벽 작업자 밧줄 끊어 살해.

2018년 5월 26일 밤, 세곡동 한 오피스텔에서 층간소음 민원 안 들어줘 경비원 2명 살해.

2019년 5월 26일 밤, 제주 조천읍에서 아들의 면접 교섭권을 인정받고 온 전 남편을 살해.

2020년 5월 16일 밤, 파주에서 빚 문제 때문에 30대 부부의 집을 찾았던 50대 여성을 살해.

분노할 때 자리를 피하든지 말을 부드럽게 하든지 침묵한다면 더 이상 진전은 없다. 그러나 이성을 잃고 욱하며 말하는 바람에 서로에게 화가 가중된다. 분노할 때 언어를 절제하면 화가 커질 일이 없다. 나의 분노와 상대의 분노를 침묵으로 다스리며 이해하기 위해 다가갈 때 분노는 작아진다.

분노는 갑자기 오지 않는다. 1차 감정 상태에서 2차로 전이된 것이 분노의 감정이다. 슬프고 억울하고 모멸감을 느끼는 감정을 1차 감정이라 한다. 2차 감정인 분노로 이어지기 전에 나 자신 또는 상대방에게 좋은 말로 다가가 보자.

나 자신에게 해줄 수 있는 말들은 이것이다.

"재성아! 그렇게 분노할 만큼 중요한 문제야?" "이 분노함을 상대방이 정당하다고 느낄까?" "여기서 분노한다면 짐승보다 못한 인간이 된다." "10초만 세어보자. 이 감정들이 사라질 것이다." "내 마음이 다쳤구나. 이럴수록 침묵하자. 입을 열면 불평불만이 가득할 거야." 반대로 상대방에게 해줄 수 있는 말들은 이것이다. "네 상황에는 분명 이유가 있을 거야. 그렇지 않고서는 네가 이렇게까지 분노하지는 않았을 거야." "이러이러한 이유가 있었구나? 난 그것도 모르고……." "얘기를 듣고 보니 보통일이 아니구나!"

분노는 나와 상대방을 이해하며 올바른 해석으로 말로 표현할 때 잠재울 수 있다.

미국 워싱턴 대학 심리학과 엘마 게이츠 교수는 감정 분석 실험 중 '분노의 침전물'을 실험했다.

눈에 보이지 않는 숨결을 시험관에 넣고 액체 상태로 냉각시키자 침전물이 생겼다. 그런데 이 침전물은 감정에 따라 다양한 색으로 나타났다. 화를 내고 있을 때는 밤색, 고통이나 슬픔을 느낄 때는 회색, 후회의 상태에서는 복숭아색으로 변했다. 이 중 분노에 해당하는 밤색 침전물을 흰 쥐에게 투여했더니 짧은 시간에 쥐가 죽었다고 한다.

화를 낼 때 사람의 몸 안에서는 독소가 생긴다. 이 독소는 의학적으로 측정하기는 어렵지만 무서운 독성을 지니고 있다. 만약 한 사람이 한 시간 동안 쉬지 않고 화를 내면 80명의 목숨을 앗아갈 독소가 생성된다는 결과다.

1년 전 3월 14일 화이트데이 날 있었던 일이다.

종업원: (인사도 없고 퉁명스럽게) 물 저기 있으니 알아서 드세요. 메뉴는 뭐로 정했나요?

친구들: 말투가 왜 그러세요? 그리고 손님이 왔으면 인사하는 건 기본 아닌가?

종업원: 갑질하세요? 제가 뭘 어쨌다고 그러세요? 별꼴이네.

친구들: 사장 나왔어? 장사를 장난으로 하나! SNS에 가게 홍보 제대로 해줘야겠네!!

나: 힘드신 날이죠? 저희가 무례했어요. 오늘 바쁘신 날인데 시비를 건 것 같네요.

종업원: 아, 아니에요. 제가 인사도 못 하고 언성을 높여서 정말 죄송합니다. 뭐 이런 것까지.

애인이 없는 친구들과 모여 식사하러 식당에 들어갔다. 그때 식당은 커플들로 꽉 찬 상태였고 정신없이 바쁜 상태였다. 여기저기 주문은 들어오는데 직원 두 명이서 음식을 나르고 주문을 받고 계산까지 했다. 사장은 보이지 않고 직원들은 보기만 해도 안쓰러운 상황이었다. 두 직원은 분노에 휩싸였고 결국 손님들에게 분노를 표출하며 싸움이 일어나고 말았다. 우리 테이블로 왔을 때도 어김없이 언성을 높이며 싸우게 됐다.

나도 화가 난 상황이었지만, 어릴 적 아르바이트할 때 똑같이 경험한 일들이 순간 떠올랐다. 그리고 마음속에 저들에게 불편함보다는 위로와 공감의 말을 해야겠다고 생각했다.

친구들은 언성을 높이며 싸우기 시작했고 멈출 줄 몰랐다. 나는 친구들을 진정시켜 자리에 앉혀 직원들의 상황을 충분히 설명했다. 어떻게 직원들의 분노를 잠재울까 잠시 고민했다. 그때 친구들에게 주려고 했던 사탕이 눈에 들어왔다. 그 사탕을 선물로 주면서 말했다.

"힘드신 날이죠? 저희가 무례했어요. 오늘 바쁘신 날인데 시비를 건 것 같네요."

이 한마디가 기적을 일으켰다. 식사 중간중간에 좋은 서비스 음식이 나오고 들리지 않았던 클래식 음악이 흘러나왔다. 또 식사를 다 마친 후 우리 자리로 와서 아까 전 상황에 대해 미안하다며 잘못을 인정했다. 우리는 한쪽이 아닌 서로의 잘못이 있었다며 훈훈하게 마무리 지었다.

분노에 처신하는 좋은 방법이 있다.

1. 잠시 그 자리를 피하라. 분노는 싸워서 해결할 수 없다. 싸울수록 사태는 더 커질 뿐이다.

2. 1, 2, 3, 4, 5~ 수를 헤아리면서 숨을 마시고 내쉰다. 몇 번 반복하

면 마음이 진정된다.

3. 1차적인 내 감정을 알아차리는 것이다. ("지금 많이 속상하구나." "억울한 상태구나.")

4. 분노의 언어는 절대 삼가고, 긍정의 언어로 다가간다. ("제 생각이 깊지 못했어요." "지혜를 주세요. 판단이 잘 서지 않아요." "당신이 있어서 오늘도 난 힘이 난다." "늘 고마워.")

5. 상대가 분노하고 있다면 입장을 바꿔보고 공감의 언어를 사용하라. ("그렇게까지 힘드신 줄 몰랐어요." "이렇게까지 화난 걸 보니 보통 일이 아닐 텐데 그래도 좀 마음을 가라앉혀 보자.")

분노는 주변을 파괴하기 전에 자신 먼저 파괴한다. 분노는 습관이다. 지금 당장 멈추어 긍정을 노래하면 된다. 아무리 분노의 감정이 치솟아도 긍정의 언어를 발설한다면 분위기는 180도 달라진다. '나는 옳고 너는 틀리다'는 마음에서 분노가 온다. 세상에 나만 옳은 일은 없다. 누구나 옳을 수 있고 누구나 틀릴 수 있다. '내가 옳지 않고 당신이 옳다'라는 마음가짐만 있다면 분노할 일도 없어진다.

분노는 배탈 났을 때 나오는 '토'와 같다. 냄새가 지독하고 보기도 싫다. 분노를 내는 것은 역겨운 토를 상대에게 먹이는 것이다. 분노를 상대하는 것은 상대의 토를 먹는 것이다. 이젠 멈춰라!! 독이 가득한 분노는 절대 버려야 살 수 있다.

"당신이 화를 1분 경험할 때마다 60초의 행복을 잃게 된다."
－랠프 월도 에머슨

감사는 행복의 씨앗이기에
감사하면 행복이 찾아온다

"감사할 줄 아는 마음에 즐거움을 심는 것은 절대로 헛수고가 아니다. 감사를 심으면 틀림없이 보상을 얻게 되기 때문이다." - 성 바실

'콩 심은 데 콩 나고 팥 심은 데 팥 난다'라는 속담이 있다. 무엇을 심느냐에 따라 열매가 다르게 나타난다는 뜻이다. 원인 없는 결과가 없고 본질 없는 현상이 없다. 우리는 좋은 결과와 좋은 현상을 이루기 위해 노력한다. 행복한 가정, 부유한 삶, 건강한 생활, 좋은 관계 등 기적 같은 행운을 찾고 기다린다.

그런데 어떤 사람은 날마다 행복하고 반대로 어떤 사람은 불행하다. 그 차이는 무엇에 있을까? 바로 감사의 씨앗과 불평의 씨앗에 있다. 무엇을 택하든 선택은 자신에게 달려 있다.

포도나무에서 포도가 사과나무에서 사과가 나온다. 감사하면 감사할 일들만 생기고, 불평하면 불평할 일들만 생긴다. 불평의 씨앗

을 심는 자는 감사의 열매를 맺을 수 없다. 상대방에게 선물을 준다고 해보자. 상대방이 고마운 마음보다는 불평을 한다면 더 이상 무언가 주고 싶지 않다. 선물뿐 아니라 주는 사람까지도 무시하는 행동으로 느껴진다. 반대로 선물을 줬을 때 감격하며 감사하는 자에게는 더 좋은 선물을 계속 주고 싶다.

'고맙습니다', '감사합니다', '덕분입니다'라는 감사의 말은 상대에게 큰 의욕을 불러일으킨다. 감사의 대상이 신이든 사람이든 하면 할수록 무한한 행복과 축복을 받게 된다. 이것이 감사의 원리이다. 감사의 씨앗은 반드시 감사의 열매를 맺는다.

친구 진석이와 창범이는 각각 파스타 가게를 운영한다. 매번 갈 때 나누는 대화들이다.

감사하는 진석이	재성: 진석아! 지인들 데리고 왔어. 이것도 받아. 앞치마 예뻐서 사왔어. 장사 잘되지? 진석: 재성아! 늘 고맙다. 네 덕분에 장사가 잘되는 것 같아. 너로 인해 매번 힘이 생겨! 이번에 신메뉴 개발했어. 먹어보고 평가해 줬으면 해. 그리고 선물 땡큐!!
감사 없는 창범이	재성: 창범아! 지인들 데리고 왔어. 이것도 받아. 앞치마 예뻐서 사왔어. 장사 잘되지? 창범: 정신없다. 뭘 사람들까지 데리고 와! 인맥 좋네. 그리고 주방에 앞치마 넘쳐난다. 재성: 너 매출 올려주려고 모시고 왔지~ 창범: 이 인원으로는 매출에 영향 없어. 뭐 먹게?

창범이가 처음 가게를 오픈할 때 친구들은 걱정했다. 창범이는 서비스 정신이 없고 감사할 줄 모른다. 진석이네 파스타 가게가 잘 된다고 해서 그냥 따라서 오픈한 것이다. 친구들이 지인들을 데려 갈 때면 이유도 없이 사람들 앞에서 쫓아내는 듯한 말들을 한다. 불평불만도 서슴지 않고, 다른 손님을 받아야 하니 빨리 먹고 가라 면서 재촉한다. 나도 잘되라는 마음에 사람들을 데리고 가서 매출 을 올려주지만 늘 갈 때마다 불편하다.

결국 창범이는 1년이 안 돼서 가게를 접었다. 가게를 다녀왔던 친구들은 하나같이 조만간 문 닫을 것이라고 예상했었다. 지금은 다른 업종을 준비 중이라는데 친구들은 그때 이후로 다들 연락을 끊었다.

진석이는 누구에게든 늘 친절하고 감사할 줄 아는 친구다. 항상 밝은 미소와 부드러운 음성으로 직원들과 손님들에게 다가간다. 클레임이 들어와도 "알려주셔서 감사합니다"고 할 정도로 마음에 서부터 감사가 충만하다. 나는 진석이에게 갈 때마다 VIP처럼 존 중받는 느낌을 받는다. 같이 간 지인들도 똑같은 느낌을 받았는지 그 지인들이 또 다른 지인들을 모시고 간다. 진석이의 감사하는 마 음이 나로 하여금 갈 때마다 선물을 들고 가게 한다. 진석이의 가 게는 햇수로 5년쯤 되어간다. 아직도 손님들이 넘쳐나고 감사의 표현과 서비스 정신은 날로 더욱 빛나고 있다.

"감사의 역량에 따라 행복의 크기가 결정된다." - 밀러

'닉 부이치치'라는 오스트레일리아의 유명 강사가 전 세계를 돌아다니며 하는 말이 있다.

놀림당하며, 신이 저를 외면했다고 생각하던 어린 시절에 감사함을 느끼는 것은 매우 어려운 일이었습니다. 어머니는 매번 감사하라고 말씀하셨지만 결코 쉽지 않았습니다. 어느 날, 저 자신에게 이렇게 말했습니다. "닉, 비록 팔과 다리는 없지만 네게는 무엇이 있지? 신이 네게 무엇을 주셨지?" 저는 거울에 비친 제 모습을 보며 말했습니다. "닉, 너는 팔과 다리가 없지만 푸르고 아름다운 눈을 가졌어." 여러분! 지금 있는 것에 감사하십시오. 저는 지금 이 작은 발과 사랑하는 가족을 주신 신께 감사를 드립니다. 매일 저는 더욱더 감사할 수 있게 해달라고 기도드립니다. 주시지 않은 것 때문에 화내지 말고 주신 것에 감사하세요.

- 〈CGNTV〉

해표지증이라는 양쪽 팔다리가 없는 선천성 기형을 갖고 태어난 닉 부이치치의 이야기다. 닉이 태어났을 때 간호사들과 그의 부모는 차마 쳐다볼 수 없었다. 하지만 신앙이 두터운 닉의 부모는 생각을 바꿨다. '우리 닉은 신의 선물이야. 너무 아름다워. 신이 우리와 함께하셔'라고 고백했다. 닉은 어린 시절 많은 우여곡절을 겪었

지만 가족들의 사랑에 대한 감사함으로 이겨냈다. 정상적인 모습의 친구들과 자신을 비교할 때마다 끊임없이 분노가 차오르고 눈물이 났다. 그러나 사람들이 삶에 늘 불평불만하고 원망하는 모습을 보면서 마음을 달리했다.

팔다리 없는 불완전한 닉은 행복할 수 있는 방법을 깨달았다. 바로 가지지 못한 것에 화를 내지 않고, 지금 가진 것들에 감사함을 고백하는 것이었다. 없는 것들을 원망하면 가진 것들이 안 보이고 끊임없이 가지려 발버둥 치는 목마른 인생을 산다.

행복은 밖에 있지 않다. 내 마음 속에서 감사를 외칠 때 행복이 찾아온다. 원망하는 사람은 늘 삶을 비관하고 어려움 속에서 좌절한다. 용기 없는 삶을 산다. 반대로 감사하는 사람은 어려움과 환란 속에서도 감사하기에 강하고 담대한 마음으로 살아간다. 닉은 매일 감사함을 고백하며 더 많은 감사의 기적을 체험하며 살고 있다. 지금도 세계를 돌아다니며 훌륭한 강연을 하고 있다.

2018년 연세대 강남세브란스병원 연구팀은 30대 직장인을 상대로 '감사의 효과'에 대한 실험을 했다. 먼저 '감사와 원망' 이 두 가지 상반되는 음성을 5분간 들려주었다. 먼저 감사의 음성을 들었을 때 심장박동수가 감소하고 편안한 표정을 지었다. 반대로 원망의 음성을 들었을 때 표정이 점점 무거워졌다. 감사는 심박수를 감소해 주는 반면, 원망은 분노할 때처럼 심박수를 증가시킨 것이다. 또 감사할 때 뇌의 곳곳에 연결된 보상회로가 즐거움을 잘 느끼게 해준다는 사실을 알아냈다. 이것이 fMRI 영상으로 확인되었다. 감사가 평안함과 행복감을 주고 뇌의 변화로 삶이 달라진다는 사실을 의학적으로 증명했다.

리버사이드 대학 소냐 류보머스키 교수와 미주리 대학 켄 셸던 교수가 공동으로 진행한 연구가 있다. 대학생들을 상대로 한 주 동안 있었던 일들 중에 감사한 일에 대해 일기를 쓰도록 한 것이다. 실험 결과 눈에 띄는 놀라운 결과가 나왔다. 감사일기를 쓴 대부분의 학생은 일기를 쓰기 전보다 쓴 후에 삶 전반의 질이 향상되었다. 어떤 학생은 고질적인 통증이 감소됐고, 두통과 감기 등 잦은 질병에 덜 노출되었다. 또 학업과 운동에서 더 많은 몰입과 향상을 보였고 삶에서 크고 작은 행복을 느끼게 되었다. 결국 감사는 삶을 가치 있게 만들어준다는 사실을 밝혀낸 것이다.

모든 것이 감사의 대상이다
〈신〉
"하나님, 부처님, 우주님 감사합니다. 이 땅에 보내주시고 의식주를 해결해 주시고 꿈과 희망을 주셔서 감사합니다."
"고통과 환난 속에서 견딜 수 있는 능력을 주심에 감사합니다."

〈부모님〉

"탈 없이 성장한 것도 부모님의 헌신과 사랑 덕입니다. 감사합니다."

"학교에서 혼나고 올 때 위로해 주시고, 세상이 무서워 도망칠 때도 말없이 품어주셨습니다. 감사합니다."

〈친구〉

"크고 작은 내 허물이 네 앞에서는 사라지는 것 같아. 고맙다. 친구야."

"포기하고 실패했을 때 술 한잔 기울이며 '뭐 그럴 수도 있지'라며 위로해 주던 게 생각난다. 고마워."

〈부부〉

"내 인생의 평생 짝이 되어줘서 고마워."

"삶을 포기하고 싶을 때 당신이 있어 여기까지 견디며 살았어. 정말 고마워."

"늘 사랑한다고 표현해 줘서 고마워."

"맞춰줘서 고마워."

〈자녀〉

"우리 아들은 존재 자체로 빛난다. 엄마 아들로 태어나줘서 고마워."

"아빠가 좀 전에 힘든 일로 우울했는데 우리 딸이 전화해서 힘내라고 말해줘서 너무 행복했어. 딸! 고마워."

〈자신〉

"재성아! 삶의 힘든 순간순간 포기하지 않고 버텨줘서 고맙다."

"강하고 담대하게 세상을 살아가는 재성아! 감사해."

"매일 절제하며 깨어 있는 삶을 살아줘서 고마워."

복싱 초보도 헤드기어를 쓰고 스파링하면 다치지 않고 즐기며 담대히 싸울 수 있다. 감사는 인생의 헤드기어다. 험한 세상을 살아갈 때 '감사'는 고통의 충격을 흡수한다. 싸움에 능하게 한다. 두렵지 않고 전진하게 해준다. 환란과 시련 속에서 '그럼에도 불구하고' 감사할 때 하늘이 열리고 도움의 빛이 내려온다.

'행복은 감사의 문으로 들어와서 불평의 문으로 나간다'는 말이 있다. 불평과 원망은 불행을 부른다. 행복을 갖고 싶거든 늘 감사하라! 불평, 원망 앞에 침묵하라! 엔도르핀은 암세포도 이긴다. 그 엔도르핀의 4,000배나 강한 다이도르핀은 '감사'할 때 생긴다. 오늘 감사의 씨앗을 심어 세상에 암 덩어리들을 깨뜨리고 도망갔던 행복을 찾아오자.

"호랑이를 왜 만들었냐고 하나님께 투정하지 말고
호랑이에게 날개를 달아주지 않은 것에 감사하라."
-인디언 속담

대화의 마법 III
좋은 대화에는 디테일이 있다

실수는 숨기면 커지고,
드러내어 사과하면 작아진다

"우리가 하는 독창적인 일은 실수뿐이다." - 빌리 조엘

　우리는 인간이기에 실수한다. 실수하지 않는 인간은 단 한 사람도 없다. '나는 절대 실수하지 않는다'라고 말하는 자는 숨 쉴 수 없이 거짓을 꾸며내기에 아주 바쁘다. 완전이란 흠이 없고 무결한 상태를 말한다. 온전은 흠이 나고 결점이 생기지만 그것들을 메꾸며 완전을 닮아가는 것이다.

　넘어지고 깨지더라도 오뚝이처럼 일어서는 당당한 사람에게 '온전'이란 단어를 붙인다. 누구나 실수 앞에 부끄럽고 두렵다. 그래서 어떤 이는 실수를 몰래 감춘다. 결국 산처럼 커진 실수를 감추기에 급급하다.

　온전한 사람은 실수를 인정하고 사과한다. 부끄러움을 무릅쓰고 실수를 명백히 밝힌다. 슬픔을 나눌 때 반이 되듯 실수도 드러내고

사과할 때 점점 줄어든다. 피해 입은 타인도 용서의 권한을 갖게 되고 분노와 아픔을 내려놓을 수 있다. 지금은 SNS가 활발하고 CCTV가 곳곳마다 설치돼 있다. 우리는 모든 것이 드러나는 투명한 사회에 살고 있다. 실수와 잘못을 감추기 어렵다. 미투운동, 국정농단, 학력위조, 뒷광고 논란 등을 통해 알 수 있듯이 이젠 어떤 잘못도 감출 수 없다. 드러내야 한다. 인정하고 사과하는 길만이 살 길이다. 용기 있게 사과할 때 실수는 작아진다. 그리고 용서받을 때 그 실수는 눈 녹듯 사라진다.

"사과는 사랑스러운 향기다. 사과는 아주 어색한 순간을 우아한 선물로 바꾼다." - 마거릿 리 런벡

얼마 전 고(故) 최숙현 선수가 사망하면서 국민들은 스포츠계의 침묵에 분노했다. 더 화가 나는 것은 가해자들이 아무 잘못 없다며 청문회에서 사과하지 않는 모습을 보인 것이다.

이용 의원: 폭행하고 폭언을 하신 적이 없습니까?

감독: 감독으로서 관리·감독 그런 선수 폭행이 일어났던 몰랐던 부분들…….

이용 의원: 폭행을 하신 적이 있으세요? 없으세요?

장윤정 선수: 없습니다. 조사에 성실히 임했습니다.

김도환 선수: 그런 사실 없습니다. 뭐 사죄할 것도 그런 것도 없습

니다. 죽은 건 안타깝습니다.

최숙현 선수는 발랄하고 꿈 많은 트라이애슬론의 유망주였다.
그 꿈을 경주시청 소속팀 감독과 선수 몇 명이 폭행과 폭언, 성추
행 등으로 앗아갔다. 한 달에 10일 이상 폭행을 일삼았고 콜라를
마신 죄로 20만 원어치의 빵을 억지로 먹었다. 또 인센티브와 성과
급 등을 주지 않고 몰래 빼돌렸다. 여기서 그치지 않았다. 옥상으
로 끌고 가 자살을 강요했고 핸드폰 감시에 성추행 등 온갖 잡스러
운 짓들을 한 것이다.

최숙현 선수는 참다못해 경찰에 문의를 했다. 하지만 경찰은 "폭
행, 폭언은 선수들 사이에 흔한 일이라 도와줄 수 없다"라고 입을
닫았다. 뒤늦게 가해 선수 한 명이 폭행을 시인했지만 국민과 여론
은 싸늘했다.

영화 〈밀양〉에서 웅변학원 원장 박도섭은 신애의 아들을 유괴하
여 살해한 가해자다. 신애는 가해자를 용서해 주러 감옥에 찾아갔
지만 그의 사과하지 않는 모습을 보게 된다.

신애: 여기 찾아온 것은…… 하나님의 은혜와 사랑을 전해주러 왔
어요.
도섭: 저도 믿음을 갖게 됐어요. 하나님 앞에 죄를 회개하니 제
죄를 용서해 주셨습니다.

신애: 하나님이…… 죄를 용서해 주셨다고요?

도섭: 예! 눈물로 회개하고 용서를 받았습니다. 그러고 나서 마음의 평화를 얻었습니다.

신애는 한 맺힌 슬픔으로 살아가다 신앙생활을 하게 된다. 하나님의 사랑을 받고 용서하라는 말씀을 받아 오랜 시간 고민한 끝에 원장을 찾아갔다. 신애의 얼굴은 슬픔이 가득한데 가해자의 얼굴은 무척 평안해 보였다. 그러면서 하는 말이 "제 죄를 용서해 주셨습니다"라는 뻔뻔함과 가증스러운 고백이었다. 신애는 '내가 용서하지 않았는데 어떻게 하나님이 용서하냐?'며 신앙을 포기한다. 그 후 신애는 자살 시도와 정신병원 입원이라는 극단으로 치닫는 삶을 살게 된다.

성경에는 '셀프회개'가 없다. 진정한 회개(사과)는 먼저 피해자에게 사과하고 용서를 빌 때 가능하다. 보이지 않는 신에게 하는 회개가 아닌, 보이는 사람에게 먼저 사과해야 한다.

성경에서도 말한다. "예물을 제단에 드리려다가 거기서 네 형제에게 원망 들을 만한 일이 있는 것이 생각나거든 예물을 제단 앞에 두고 먼저 가서 형제와 화목하고 그 후에 와서 예물을 드리라"(마 5:23-24). 남에게 상처주고 하나님께 회개하고 구원받았다고 감사하는 것은 사탄의 정신이다. 피의자의 구원이 아닌 피해자의 구원이 먼저 이뤄져야 진정한 사과라 할 수 있다.

101

영화 〈밀양〉에서처럼 종교인들의 뻔뻔한 셀프회개가 우리 마음을 씁쓸하게 한다. 진정한 사과는 피해자를 고통에서 벗어나게 한다. 아픔이 치유되고 관계를 회복시킨다.

사과와 용서의 함수관계를 실제 실험을 통해 입증한 사례가 있다. 『쿨하게 사과하라』라는 책에 나오는 내용이다.

이스리엘의 하렐리와 아시시코비츠 박사는 가해자의 사과와 피해자의 용서가 어떤 관련이 있는지 실험했다. 친구가 자신을 다른 사람들이 보는 앞에서 모욕하고, 그날 저녁 사과하는 상황을 가정했다. 실험은 명확하고 일관된 결과를 도출했다. 사과를 할 때 가해자가 느끼는 죄책감이나 수치심을 함께 표현할 때 피해자들의 용서 의향이 높았다. 피해자들의 분노 역시 크게 줄었다.

이 실험에서 흥미로운 대목은 '동정심'이다. 가해자가 사과하면서 동정심을 표현할 때는 오히려 용서 의향이 눈에 띄게 줄더라는 것이다.

오래전 한 목사를 통해 사과에 대해 깊이 생각하게 된 계기가 있었다. '언어폭력'이라는 주제로 설교를 하시면서 설교 도중 눈물로 교인들에게 사과하는 장면이었다. 내용인즉, 목사의 거친 언어로 인해 상처받은 교인들 몇 명이 편지를 쓰고 떠난 것이다. 목사는 편지를 다 읽고 교인들에게 고백했다. "모범을 보여야 할 목사가 거친 언어로 여러분에게 상처를 줬습니다. 정말 죄송합니다. 한분

한분 찾아가 꼭 사과드리겠습니다. 제 마음이 너무 아픕니다. 저 때문에 상처받은 분들은 얼마나 힘드시겠습니까? 두 번 다시 언어로 상처 주는 일 없도록 하겠습니다."

설교를 마치고 목사는 떠나간 교인들을 직접 찾아가 무릎 꿇고 진심으로 사과했다. 이후 거친 언사를 고치기 위해 노력했다. 또 자기가 실수로 뱉은 말에 상처를 받은 분들이 있다면 반드시 알려 달라고 당부했다. "무엇이든지 너희가 땅에서 매면 하늘에서도 매일 것이요 무엇이든지 땅에서 풀면 하늘에서도 풀리리라"(마 18:18). 사과가 하늘을 감동시켰는지 이 일이 있은 후 여러 방송매체에 나오면서 스타목사가 됐다. 교인들이 기하급수적으로 늘어났고 전국을 돌아다니며 설교와 강의로 바쁜 나날을 보내고 있다.

"사과는 인간이 만들어낼 수 있는 가장 신비한 마술이고, 치료법이며, 회복의 힘을 지닌 행위이다." - 마셜 골드스미스

올바른 사과 방법

① 잘못 인정

1) 즉시 사과한다. 시간이 흐르면 사과하기가 점점 어려워지고 관계는 더욱 악화된다.

"좀 전에 제가 말실수했습니다. 정말 죄송합니다." "오전에 시끄러웠지? 미안해. 조심할게."

2) 변명하지 않는다. 변명은 사과가 아니다. 사과하지만 억울하고 잘못이 없다는 생각이다.

"미안해. 근데 너도 잘한 거 없잖아." "잘못했습니다만, 제 상황을 조금 이해해 주세요."

3) 오래된 잘못을 사과할 때는 신중하게 한다. 가벼운 사과로 인해 진정성을 의심받는다.

"오래전에 너에게 했던 언행들 아직까지 후회하고 있어. 용서 못 하겠지만 정말 미안해."

4) 구체적으로 사과한다. 사과가 구체적이지 않으면 의미 전달이 잘 안 된다.

"어제 직원들 회식 자리에서 자네 가족 얘기 꺼낸 것은 내 잘못일세. 정말 미안하네."

② **책임지기**

1) 약속 지킴: 같은 잘못이 일어나지 않겠다는 재발 방지의 약속을 꼭 해라. 이것이 신뢰다.

"저로 인해 과장님 업무가 마비된 것 같습니다. 제 불찰입니다. 이제부터 제가 하겠습니다."

2) 보상하기: 수위가 높은 잘못은 반드시 보상으로 잘못을 표현해야 한다.

"이번 사태로 마음에 큰 짐을 드려 죄송합니다. 제가 두 배의 금액으로 처리하겠습니다."

목사 이병창의 시집 『메리 붓다마스』에 'ㅁㅂㅍ'이라는 초성 단어가 나온다. "물면 불리고 불면 풀린다"는 말이다. 그렇다. 실수를 물고 있으면 불어나고 실수를 불면 풀린다. 고(故) 최숙현 선수와 영화 〈밀양〉을 보면서 사과의 중요를 느낀다.

잘못을 감추고 끝까지 사과하지 않는 것은 어쩌면 한 인생을 파멸로 끌고 갈 수도 있다. 죄지은 '용서받지 못한 자'까지도 평생을 도망 다니는 부끄럽고 벌거벗은 인생이 되리라. 과거의 잘못, 오늘의 실수를 감추지 말고 드러내어 용기 있게 사과하자.

> "사과는 우리가 행한 잘못이나 상대방의 불만에 대한 책임을 인정하고, 손해 배상을 제시하고, 재발 방지를 약속하면서, 직접적이고 개인적으로, 그리고 모호하지 않은 방식으로 잘못에 대한 뉘우침을 표현하는 행동이다."
> ―존 케이더

충고할 때는 먼저 칭찬을 해야 한다

"계속 갈망하라 여전히 우직하게." - 스티브 잡스

"인생은 언제나 순탄치 않다." - 오프라 윈프리

"침대부터 정리하라!" - 윌리엄 맥레이븐

우리는 졸업식 연설에서 유명한 사람들의 충고를 들을 수 있다. 명언에 가까운 이런 충고들은 우리의 마음을 감동시킨다. 그러나 주변에서 종종 들리는 충고들은 명언들과는 정반대이다. "일을 그 따위로 하냐?" "그걸 보고서라고 내냐? 한심하다!" "생긴 대로 하네." 이러한 비난과 막말에 가까운 충고들은 어느 순간 고충이 되어버린다.

충고란 우러나오는 마음에서 진심을 다해 타이르는 말이다. 자존심과 체면을 구기게 하는 충고는 진정한 충고가 아니다. 이 때문에 충고는 늘 아프고 불편하다.

"충고는 하늘에서 내리는 눈과 같다. 부드럽게 오랫동안 떨어질수록 마음속 깊은 곳까지 파고든다." -새뮤얼 테일러 콜리지

충고가 어떤 결함과 잘못에 대해 지적을 해주는 '쓴소리'라면, 조언은 깨우쳐주는 '도움말'이다. 충고를 조언하는 형식으로 말할 때, 듣는 이는 부드러움에 취해 오랫동안 즐겨 듣게 된다.

따뜻한 충고에 '용기'가 생기고 차가운 충고에 '흉기'가 생긴다. 내가 듣기 싫은 충고는 상대도 듣기 싫다. 내가 듣고 싶은 충고는 상대도 듣기 좋다. 충고할 때 입장 바꿔 생각하는 '역지사지'의 마음이 필요하다. 충고는 쓰고 칭찬은 달다. 쓰디쓴 충고에 다디단 칭찬을 섞으면 신비한 요리가 탄생한다. 그 맛은 어떨까?

나의 엄마	엄마: 누굴 닮아서 숙제도 안 하고 게으르냐?
	나: 엄마를 닮았나 봐요!
	엄마: 말대꾸할래? 숙제 끝낼 때까지 밥도 먹지 말고 나가 놀 생각도 하지 마!
	나: 맨날 승질만 부리고 정말 짜증 나요. 상훈이 엄마를 좀 닮아 봐요.
	엄마: 너 오늘 혼나봐야겠다.
상훈이 엄마	엄마: 상훈아! 항상 학교 공부 열심히 하고 친구들하고 잘 어울리고, 엄마는 너무 행복해! 선생님도 상훈이 칭찬 많이 하더라. 오늘 가지고 온 숙제 엄마랑 같이 해볼까?
	상훈: 네 엄마! 재성이도 같이 할게요.
	엄마: 그래. 같이 하면 아주 좋지. 역시 우리 아들 최고야!

어릴 적 친구 상훈이네 집에 갈 때면 친구 어머니의 고급스러운 말에 늘 이질감을 느꼈다. 상훈이 어머니의 말 덕분에 늘 평화롭고, 이 집에는 햇빛이 가득한 것 같았다. 모든 게 새롭고 아름다웠다.

나와 엄마는 항상 숙제 때문에 전쟁을 치렀다. 천장에 있던 쥐들도 무서웠는지 발 빠르게 도망가는 소리가 들렸다. 집에만 오면 아무것도 하고 싶지 않았다. 무엇을 하기도 전에 잔소리 같은 충고가 이어졌기 때문이다. "왜 안 해!" "빨리 해!" "그것도 못 해?" "누굴 닮았냐?" 등 모든 말투가 짜증 섞인 잔소리다. 얼음 같은 차가운 충고 앞에 힘이 풀리고 늘 의욕이 사라지는 어린 시절이었다. 엄마는 모든 화를 자식에게 풀어버리는 것 같았다. 우리 엄마가 상훈이 엄마를 닮았으면 소원이 없겠다고 기도하던 기억이 떠오른다.

상훈이가 내게 자주 했던 말이 있다. "우리 엄마는 항상 칭찬만 해." 그때는 이해되지 않는 말이었지만 지금 와서 상당히 도전받는 말이 되었다. 자식의 잘못 앞에서도 절대 비난하지 않고 충고조차 조언과 칭찬처럼 한다. '칭찬은 고래도 춤추게 한다'는 말처럼, 칭찬이 상훈이를 저절로 기뻐 춤추게 했다.

칭찬은 매사에 모든 것을 긍정적으로 바라보고 밝은 표정과 의욕 넘치는 하루하루를 살게 해준다. 따뜻한 칭찬은 차가운 충고까지 감싸준다. 자존감과 체면을 구기지 않고 부끄럽지 않게 해준다. 더욱 존재감 있게 드러내준다. 사람은 말의 힘으로 움직인다. 칭찬과 충고를 받았는가? 반대로 충고만 받았는가? 그에 따라 길이 갈

라진다.

2018년 8월 〈시그널〉이라는 프로그램에서 기어 다니는 '방치된 야생 여인'을 방영했다. 방송에 나온 엄마와 딸의 대화다.

엄마: 음식에 파리가 뭐니? 어떻게 하면 좋냐 이걸…….
딸: 엄마 가요. 가요. 그냥 가요. 가요. (눈길조차 주지 않고) 그냥 가요.
엄마: 성화가 이렇게 된 거 엄마 때문에 그런 거 같아. 미안해.
딸: 아이! 엄마 빨리 가요! 뭘 미안해요! 빨리 가요.
엄마: 모든 게 엄마 잘못이야. 엄마가 사과할게. 용서해 줘.

쓰레기 가득한 집에 방치되어 살아가는 여인의 사연은 구구절절했다. 걷지도 씻지도 못하고 썩은 음식을 먹는 아주 처참한 인생을 살고 있었던 것이다. 제작진이 찾아가 병원에 입원하자고도 했지만 자신은 이 삶이 괜찮다고 극구 부인했다. 사회복지사가 꿈이었던 여인은 이제 자신이 복지를 받아야 할 처지가 되었다. 그의 어머니 말에 따르면 집을 나가고 나서부터 그런 처참한 삶이 시작되었다고 한다. 그러면서 집을 나간 이유는 어머니 자신의 '충고'가 발단이었다고 한다. 누워 있는 딸에게 "생매장할 거야! 넌 땅속에 묻혀서 죽을 거야!"라는 강한 충고를 했다. 일어나라는 뜻으로 충고했다지만 딸은 충격을 받고 그 뒤로 폐인의 삶을 선택했다.

조지프 애디슨은 "기꺼이 받아들일 수 있는 충고라는 것은 없다"고 했다. 충고를 좋아하는 사람은 없다. 듣는 즉시 마음이 경직된다. 충고는 한 사람을 폐인으로 만들 수도 있는 위력이 있다. 삶을 포기하게끔 만드는 것도 충고다.

엄마는 딸에게 조금 더 따뜻하게 말하지 못한 것을 후회하고 울며 사과했다. 여인은 엄마를 용서해 주고 병원에 입원해 과거를 씻고 새로운 인생을 꿈꾸게 된다. 제작진이 찾아갔을 때 여인은 고요히 노래를 부르고 있었다. "즐거운 곳에서는 날 오라 하여도, 내 쉴 곳은 작은 집, 내 집뿐이리~" 여인의 희망은 즐거운 나의 집에서 충고보다는 칭찬과 사랑을 받는 귀한 딸이 되는 것 그뿐이다. "사랑하는 딸, 오늘 피곤해?" 이 한마디면 된다.

뉴욕 대학 닐 볼거(Niall Bolger) 교수는 연인의 말(지지, 충고)이 스트레스에 미치는 영향을 연구했다. 대학에서 연인 중 한 사람이 중요한 시험을 앞둔 커플들을 모집했다. 그리고 시험 날까지 서로 간에 있었던 일과 스트레스 지수를 기록하게 했다. 힘들 때 해주는 말이 스트레스에 어떤 영향을 주는지 분석했다.

힘들 때 아낌없이 해주는 말이 도움이 되리라 예상했지만 결과는 달랐다. 충고를 듣지 않은 날은 스트레스가 낮았고 오히려 충고를 들은 날은 스트레스 지수가 높게 나왔다. 지지와 충고를 받은 날에 심한 압박감과 무능함을 느낀 것이다. 지지와 충고는 스트레스만 가중할 뿐 큰 도움이 되지 않는다는 연구 결과다.

많은 지역에 내 마사지 제자들이 있다. 빠르면 6개월 길면 2년 정도 배워서 매장을 오픈해 아픈 사람들을 케어하고 있다. 나는 가끔 격려차 들러 실력도 테스트하고 부족한 부분은 다시 가르치고 칭찬하는 시간을 갖는다. 그때 꼭 해야 할 충고들이 있다면 절대 그냥 하지 않는다. 반드시 칭찬을 여러 번 섞어 충고는 아주 약하게, 그것도 돌려서 말한다.

"원장님 정말 실력 많이 늘었네요. 대단해요. 인테리어도 너무 예뻐요. 아마 1년 안에 소문이 자자할 겁니다. 원장님 실력에 허리를 터치할 때 조금만 더 부드럽게 다가오면 최상입니다. 정말 놀랍게 성장했어요. 제가 많이 뿌듯합니다. 궁금한 것들 있으면 꼭 전화 주세요. 더욱더 잘되시길 바랄게요."

일본에 '오블라투'라고 하는 쓴 약도 간편하게 먹게 해주는 제품이 있다. 녹말과 젤라틴을 혼합하여 만든 얇고 투명한 포장지인데 한국에서 파는 '먹는 테이프'와 비슷하다. 어떤 쓴 약도 오블라투에 싸서 물과 함께 마시면 부담 없이 복용할 수 있다.

칭찬도 오블라투와 같다. 쓰디쓴 충고라 할지라도 칭찬으로 여러 번 감싸고 준다면 부담 없이 들을 수 있다. 오히려 상대의 배려의 말에 더 귀를 기울이게 된다. 미국의 심리학자 존 가트맨 박사는 5 : 1 법칙을 말했다. 부정적 메시지를 1번 전할 때 긍정적 메시지를 5번 해야 한다는 법칙이다. 비율이 5 : 1 이하로 떨어지면 관계에 금이 갈 수도 있다고 말한다. 충고 전 '오블라투'와 '5 : 1 법칙'을 꼭 기억하면 좋겠다.

충고 방법 4단계(상·아·제·약)

1. 상황 판단: 상대와 나의 관계는 어떤지, 상대가 지금 들을 수 있는 상황인지 판단한다.

   "시간 괜찮아요?" "우리 커피 한잔 해요!" "○○야, 우리 식사나 하자." "대화 괜찮지?"

2. I-message: 나 전달법이다. 상대의 감정을 상하지 않게 내 생각과 감정을 전한다.

   "나는 그럴 때마다 침묵하곤 해." "내 생각은 그 분야의 책을 30권 정도 읽으면 전문가라고 봐."

3. 제안하기: 반드시 해결책과 제안을 마련하여 선택하도록 한다.

   "이 방법이 도움이 되더라. 어때?" "이렇게 하면 확실히 도움 될 거야. 한번 고민해 봐."

4. 약속 받기: 우러나오는 마음으로 충고했다면 약속까지 받고 실질적인 도움을 준다.

   "이 원칙으로 꼭 한번 해보자. 약속하는 거지?" "내일 자료 검토 같이 해보자. 알았지?"

어린 조카들과 횡단보도를 건널 때 자동차가 달려들어 충돌한 적이 있다. 그 충격으로 나는 운전할 때 횡단보도에서는 반드시 차를 멈추고 앞뒤좌우를 살핀다. 마찬가지다. 누군가의 충고가 내 마음과 충돌하여 큰 충격을 받은 적이 있다면 남에게 쉽게 충고할 수 없다. 내가 귀한 만큼 남도 귀하다.

충고 앞에 늘 신중해야 한다. 충고가 침묵하는 것보다 좋다면 그때 해야 한다. 그것도 아주 부드럽고 따뜻하게 칭찬하면서 말이다. 사실 사람은 누구의 충고로 쉽게 고쳐지고 변화되지 않는다. 충고하기 전에 나 스스로 변화되어 보여줄 수 있어야 한다. 그것이 가장 좋은 충고하는 방법이다. 나를 변화시켜 보여주자! 칭찬을 통해 보석 같은 충고를 시작하자!

"혹독한 충고는 아무런 효과가 없다.
그것은 쓸모없는 망치와도 같다."
-클로드 엘베시우스

말 잘하는 사람이 되기보다
잘 듣는 사람이 되어야 한다

"말을 정말 잘하는 사람은 논리적으로 말하는 사람이 아니라, 남의 말을 잘 들어주는 사람이다." - 래리 킹

인류는 옛적부터 지금까지 말 잘하는 사람을 원했고 말 잘하는 사람이 시대를 이끌어왔다. 우리는 아침에 일어나서 밤에 잠들 때까지 계속 말을 한다. 말로써 모든 상황을 표현하고 말로써 사물들을 깨우쳐 준다. 말은 혼잡한 상황을 명쾌하게 정리해 주는 역할을 한다. 말을 잘하면 자신의 감정과 의지, 꿈 등을 정확히 표현할 수 있다. 말해야 알게 되고 말해야 설득하게 된다.

그래서 사람들은 말을 잘하고 싶어 스피치 학원에서 훈련받는다. 또 화술 책과 영상을 통해 정보를 습득한다. 다만 여기서 그친다면 반쪽짜리밖에 안 되는 말 잘하기 스킬일 뿐이다. 진짜 말을 잘한다는 것은 상대방의 고민을 드러내 보여주고 해결점을 찾아주는 것이다.

보통 말을 잘한다고 하면 논리정연하고 흐트러짐 없는 모습을 연상한다. 하지만 반대다. 마음을 열고 집중해서 듣는 경청의 자세가 말을 잘하게 해주는 비결이다. 경청해야 공감하고 소통할 수 있다. 듣지 않고 말한다는 것은 공감이 없는 태도다. 허공에 울리는 외침일 뿐이다.

잘 들어야 공감하고 답을 줄 수 있다. 설령 답이 없을지라도 최소한 공감의 말들을 해줄 수 있다. 경청은 공감의 시작이다. 경청하면 상대의 핵심을 파악하고 적절한 답을 준다. 청각장애가 생기면 말하지 못한다. 듣지 못하면 말할 수 없다.

한때 SNS와 전화 또는 직접 만나 사람들에게 신앙 상담과 건강 상담을 해준 적이 있다. 그들의 문제를 해결해 주는 것보다 더 중요한 것은 그들의 고민과 아픔을 들어주는 것이다.

상대방: 제 아들이 요즘 교회도 안 나가요. 고등학생인데 친구들과 술과 담배를 해요.

나: 네 어머니. 신앙과 술, 담배 문제가 있네요. 얼마나 걱정 많겠어요. 또 말씀해 보세요.

상대방: 제 딸이 중학생인데 어깨 뭉침이 심한 것 같아요. 몸살이 많이 나고 울기까지 해요.

나: 따님이 지금 스트레스가 큰 것 같아요. 공부뿐 아니라 몸 관리에도 신경 써주셔야 해요.

상대방: 저희 어머니가 요즘 많이 우울해하세요. 몸도 갈수록 약해지시고요.

나: 제가 근육을 잘 풀어볼게요. 병원 치료도 받으시죠? 약물도 효과를 많이 보거든요.

사람들은 나에게 말을 잘한다고 한다. 하지만 나는 말을 잘하는 것이 아니라 잘 들어주는 것이다. 때에 맞게 맞장구를 쳐주고 상대의 말을 반복하며 짧은 지식을 나누는 것뿐이다.

이런 일들이 나비효과가 일어난 것인지 소문에 소문을 물고 상담하는 사람들이 많아졌다. 그 이후로 내 경청 실력도 많이 늘었다. 처음에는 경청하는 것이 힘들었지만 갈수록 재밌어지고 다양한 사람들을 만나며 공부가 되었다. 바라지도 않은 선물을 받고 고객들도 점차 많아졌다. 진심을 다해 귀 기울이고 상황에 맞게 말하는 것뿐이다. 사람들은 누구나 자신의 이야기를 남에게 들려주고 싶고 공감해 주길 원한다. 때에 맞는 경청은 상대방의 자존감을 높여준다.

나는 당뇨가 있어서 가끔 혈당 체크도 하고 약도 받으러 강남과 분당에 있는 병원을 이용한다. 강남 원장님을 만나면 마음이 불편하고 분당 원장님을 만나면 기분이 좋아진다.

나: 요즘 운동도 많이 하고 현미로 식사하고 군것질도 줄였습니

다. 몸이 개운합니다.

강남 원장님: 당수치가 낮아졌네요. 식단 조절해야 하고 운동도 해야 해요. 또 뵙겠습니다.

나: 요즘 운동도 많이 하고 현미로 식사하고 군것질도 줄였습니다. 몸이 개운합니다.

분당 원장님: 아! 정말요? 재성 씨가 그렇게 노력한 만큼 좋은 결과 생길 겁니다. 기대할게요.

강남 원장님은 내 말에 전혀 귀 기울이지 않는다. 인사도 받지 않는다. 환자로 하여금 상당히 기분을 상하게 한다. 환자를 칭찬하고 격려할 만도 하지만, 전혀 미동이 없다. 너의 말과 나의 생각은 전혀 관련 없다는 '유체이탈화법'으로 환자를 대한다. 병원 사이트에 올라온 후기들도 원장의 그런 태도를 지적하는 댓글들이 수두룩하다. 강남 원장님은 나름 논리적으로 말하지만 나는 한 번도 말을 잘한다고 느껴본 적이 없다.

이와 반대로 분당 원장님을 만나면 기분이 좋아진다. 웃어주시고 손잡아 주시며 경청해 주신다. 경청 후 꺼낸 말들이 인슐린 역할을 한다. 지금 분당 원장님을 직접 뵙지 못해도 선한 얼굴, 따뜻한 음성, 귀 기울이시는 모습이 생생하다.

수업 시간에 맨 앞자리에 앉는 학생들은 대부분 학업 성적이 좋다. 선생님의 말씀에 집중할 수 있는 기회가 많기 때문이다. 그래서 앞자리를 금, 중간을 은, 뒷자리를 똥이라 한다. 인간관계의 성적도 경청에 따라 다르다. 관계의 성적이 좋은 사람은 분명 경청의 달인이다. 상대의 말에 귀 기울이며 "어! 오! 맞아!"라는 맞장구로 상대를 신나게 해준다.

"귀는 친구를 만들고 입은 적을 만든다." - 『탈무드』

살면서 만나는 모든 사람들을 친구로 만들고 싶거든 입보다는 귀를 열어야 한다. 나는 인간관계의 핵심을 '테이크 앤 기브'라 생각한다. 내 말을 귀하게 주려거든 먼저 타인의 말을 금같이 받아야 한다. 입을 닫고 귀를 열 때 친구들이 몰려온다.

언어학자 폴 랜킨은 직업이 다른 68명을 대상으로 의사소통에 관한 조사를 했다. 그 결과 사람은 잠들지 않는 시간의 70%를 커뮤니케이션에 사용한다는 것을 알아냈다. 그 가운데 가장 적게 하는 행위가 쓰기로 9%, 그다음 읽기 16%, 말하기 30%였다. 그리고 가장 많이 하는 행위로 '듣기'가 무려 45% 비율로 나타났다.

폴 랜킨은 연구를 통해 인간은 살면서 듣는 행위에 가장 많은 시간을 쓴다는 사실을 밝혔다. 우리가 알게 되는 많은 정보는 듣는 행위를 통해 얻게 된다는 것이다. 듣는 행위가 의사소통의 반을 차지한다면 듣기만 잘해도 소통의 전문가가 된다.

2012년 개봉한 영화 〈아부의 왕〉은 경청이 얼마나 중요한지 알려주는 영화이다. 영업부의 새싹 동식이 영업비법 책을 보고 아부계의 전설 혀고수를 찾아가 배운 내용이다.

혀고수: 네 몸과 마음을 최대한 편하게 가져라. 그리고 네 스스로에게 최면을 걸어보렴. '나는 연체동물이다. 나는 뼈가 없다. 암요, 그럼요, 당연하죠, 별말씀을.'
나에겐 자존심 같은 것은 아무것도 없다. '암요, 그럼요, 당연하죠, 별말씀을.'
혹시 자존심이란 놈이 널 따라 나오는지 잘 봐. 그 자존심을 냉장고에 넣어. '나는 자존심도 없고 아무것도 없다.' 그냥 뇌를 툭 놔버려! '암요, 그럼요, 당연하죠, 별말씀을.'

주인공 동식은 보험회사에서 인정받지 못하고 영업부서로 쫓겨나게 된다. 가족의 사채 빚을 알게 되고 큰돈을 벌겠다는 각오로 영업에 임했다. 결코 쉽지 않은 길이었다. 그렇게 자꾸 실패하던 중 『감성 영업의 정석』이란 책을 쓴 혀고수를 만났다. 그를 만나고 영업 실적 1위를 달성하여 보험왕에 등극하는 내용이다.

동식이 혀고수를 만나 뼛속까지 배운 영업 비법은 이것이다. '암요, 그럼요, 당연하죠, 별말씀을.' 어느 누구를 만나도 자기 생각을 버리고 자존심도 버리고 경청하고 맞장구치라는 것이다. 이것이 최고 세일즈맨의 영업 비법이었다. 영화 제목은 〈아부의 왕〉이지만 나는 '경청의 왕'으로 바꾸고 싶다.

상대가 내 말에 경청하지 않고 다른 행동과 말을 하면 두 번 다시 대화하기 싫다. 이것은 말하는 사람을 무시하고 모욕하는 것이다. 타인의 이야기를 경청하는 것은 최고의 경의를 표하는 것이다. '당신의 말은 일리가 있고 꽤 들을 만하다'라는 최고의 찬사이다.

세계적으로 유능한 세일즈맨들은 모두 경청의 대가들이다. 말수가 적고 상대의 이야기를 절대적으로 경청한다. 경청으로 고객들의 니즈를 정확히 간파하여 세일즈를 시작한다. 상대의 호감을 사고 매력적인 사람으로 비춰주는 것은 단연 경청의 힘이다. 말 잘한다고 설득하지 못한다. 잘 들어야 설득할 수 있다. 듣지 못하는 영혼의 음성까지 들을 수 있는 것이 경청의 힘이다.

경청을 잘하는 다섯 가지 방법

1. 상대방 바라보기

시선이 폰에 가 있거나 다른 곳을 주시하면 말을 건성으로 듣는다는 느낌을 준다. 진지하게 듣고자 할 때는 모든 것을 내려놓고 말하는 사람만 봐야 한다.

2. 고개 끄덕이기

상대의 말에 이해가 된다는 뜻과 잘 듣고 있다는 표시로 고개를 끄덕여 준다. 고개를 한 번 끄덕일 때마다 상대는 자신의 말이 올바르게 가고 있다고 안심한다.

3. 맞장구치기

상대의 말 중간중간에 '응, 오, 아, 맞아, 그렇지, 설마, 그래' 등 알맞은 맞장구를 쳐준다. 맞장구는 말하는 이의 흥을 돋우어 준다.

4. 상대의 생각과 하나 되기

틀리는 생각과 말이 있어도 끝까지 상대의 생각과 하나 되어 경청한다. 상대방의 생각이 나와 다를지라도 경청할 때만큼은 그의 생각이 되어본다.

5. 질문하기

계속 듣기만 하는 것은 상대도 원하지 않는다. 궁금한 것은 말을 쉬어갈 때 물어본다. 질문함으로써 상대의 말과 나의 경청을 한층 더 빛나게 해준다.

'경청(傾聽)'은 한자로 '기울일 경(傾)'에 '들을 청(聽)'을 쓴다. 곧 몸과 귀를 기울여 들어야 한다는 뜻이다. 그냥 듣는 것과 경청은 확연한 차이가 있다. 또 영어에서도 '경청'을 'listening', '듣기'를 'hearing'으로 나누고 있다. 'hearing'은 들리는 대로 그냥 듣는 것이고, 'listening'은 관심을 갖고 귀를 기울여 집중해 듣는 것이다.

진심 어린 경청(listening)은 영혼의 음성을 듣게 한다. 경청은 상대와 하나가 되게 하고, 마음을 열어주고, 말 잘할 수 있는 능력을 부여해 준다. 아기가 태어나고 자라면서 말을 할 수 있는 것은 계속 들었기 때문이다. 곧 경청이 달변가의 지름길이다. 말 잘하는 사람보다는, 말 잘 듣는 사람이 되라! 듣는 데서 지혜가, 말하는 데서 후회가 생긴다.

"들어라. 그렇지 않으면
당신의 혀가 당신을 귀먹게 할 것이다."
−체로키 인디언 격언

인사가 좋은 인간관계를 이끌어간다

"인사는 경우를 막론하고 부족한 것보다 지나친 편이 낫다." - 톨스토이

'굴림마찰(rolling friction)'이라는 용어가 있다. 아무리 밀고 당겨도 끄떡하지 않는 것도 바퀴만 달아주면 쉽게 움직인다. 이것을 '굴림마찰'이라 한다. 차력사들이 36톤의 거대한 중량의 비행기를 끌 수 있는 것도 굴림마찰 덕에 가능하다. 일반인들이 자동차를 중립에 놨을 때 쉽게 밀 수 있는 것도 바퀴의 굴림마찰 때문이다. 지상에서 바퀴로 움직이는 모든 것은 굴림마찰로 인해 움직인다.

'인사'는 인생의 굴림마찰이다. 사람은 아침부터 잠들 때까지 가정에서 직장에서 사회에서 인사로 시작해 인사로 마무리한다. 인사가 없으면 인생은 운전되지 않는다. 인사를 통해 호감을 주고받고, 제아무리 어려운 사람도 인사를 통해 이끌어올 수 있다.

"인사(人事)가 만사(萬事)다." 회사나 조직에서 흔히들 쓰는 말이

다. 인사는 사람을 효과적으로 배치할 때를 말하고, 만사는 만 가지 곧 모든 일을 말한다. 즉 좋은 인재를 뽑아 적재적소에 배치할 때 모든 일이 잘 풀린다는 뜻이다. 우리가 매일 하는 인사도 마찬가지다. 인사는 작은 행위지만 인사라는 굴림마찰을 통해 만사의 형통을 끌어들이는 귀한 교통수단이다.

세상의 모든 일은 인간관계를 통해서 시작된다. 학교에서의 배움, 친구 사귐, 회사 생활, 사업 등 모두 인간관계를 거쳐야 가능하다. 이때 진심 어린 인사 하나로 대부분의 인간관계가 열린다. 인사한다고 모두 성공하지는 않지만, 성공한 사람들 대부분 인사에 밝은 사람들이다.

나는 20대 초반에 정수기 판매로 회사에 이름을 알린 적이 있다. 그때 판매 전략은 다름 아닌 인사였다. 이미 인사의 힘을 알고 있던 터라 쉽게 사람들에게 나와 정수기를 각인시켰다.

"원장님~ 안녕하세요! 별일 없으시죠? 저번에 이 근처에 왔다가 못 뵙고 가서 오늘 잠깐 들렀어요!" "사장님~ 안녕하세요! 날씨가 선선하네요. 요즘 많이 바쁘시죠? 저번에 정수기 설명 듣고 싶다고 하셔서 오늘 정보 갖고 왔습니다." "선생님~ 오랜만이에요! 안 본 사이에 얼굴이 더 좋아지셨네요. 깨끗한 물이 피부에 좋은 영향을 준대요. 혹시 집에 정수기 있으세요?" "부장님, 오늘 대화 유익했습니다. 조만간 또 뵙고 싶어요. 전 이만 가보겠습니다."

나를 만나는 사람들은 항상 이렇게 말했다. "참 인사성이 밝으시네요." "어쩜 그렇게 친근감 있게 다가오시나요?" "너무 밝으셔서 좋아하지 않을 수가 없네요." "무엇을 하든 성공할 거예요." "인사해 주실 때마다 제가 존중받는 느낌이 들어요." 이런 칭찬들이 내 자존감을 더욱 높였고 인사 하나 잘했을 뿐인데 나의 존재가 확 올라갔다. 회사에서도 '인사상' '열정상' '우수상' 등을 받고 더욱 분발하는 샐러리맨이 되었다.

나와 같이 입사한 동료들 몇은 정수기에 관해서 많은 지식을 갖고 있던 친구들이었다. 하지만 어떤 친구는 정수기 한 대도 못 팔거나 고작 몇 개월에 한 대 파는 수준이었다. 이유는 '인사'였다. 인사가 없기에 관계 또한 엉성했다.

인사는 모르는 사람을 지인이나 친구로 만들어주는 힘이 있다. 모르는 사람에게 무엇을 이야기하기란 정말 어렵지만 친구가 된다면 상황은 달라진다. 좋은 친구는 서로에 대해 관심을 갖게 되고 도움을 주려는 관계가 된다. 내가 무엇을 하든 어떤 사람이든 친구는 나를 있는 그대로 봐준다. 인사가 이런 힘을 만들어준다.

제아무리 실력이 뛰어나도 인사가 없다면 존경받지 못한다. 불편한 사람으로 낙인찍힌다. 동료들은 나를 두고 "고작 인사 잘하는 것뿐이냐"고 말했지만 인사는 나를 영업왕으로 만들어줬다. 인사는 내게 세상으로 출발하는 연료였다. 지치고 슬럼프에 빠졌을 때 인사를 통해 다시 힘을 얻고 몸과 마음이 새로워지는 기적을 맛보았다.

트로트계의 여왕, 트로트계의 박사라 불리는 홍진영은 발랄하고 에너지가 넘치는 가수다. 무대 위에서 그녀는 시원한 가창력과 능숙한 무대 매너, 밝은 인사로 관중들을 압도한다. 가수 중 제일 좋아하는 가수를 말하라면 단연 홍진영을 꼽는다. 겸손한 인사와 밝은 외모가 그녀의 노래를 더욱 빛나게 한다.

유튜브 채널에서 'MBC 직원이 말하는 인사 잘하는 연예인 TOP 5'를 본 적이 있다. MBC 안전관리팀 김상윤 주임은 밝게 인사하는 연예인 베스트 5를 뽑았다. 5위 유노윤호, 4위 김용건, 3위 유재석, 2위 아이유, 1위가 바로 '홍진영'이었다. 김상윤 주임의 말에 따르면 홍진영은 "미화원 이모님이건 일반 직원이건 누구를 만나도 항상 즐겁게 인사한다"고 한다.

내가 힘들 때 가장 많이 위로해 준 노래가 홍진영의 〈산다는 건〉이다. 그녀의 인사성은 노래 가사 속에도 녹아 있다.

"산다는 건 참 좋은 거래요. 오늘도 수고 많으셨어요." "어떻게 지내셨나요. 오늘도 한잔 걸치셨네요." "산다는 건 참 멋진 거래요. 모두가 내일도 힘내세요. 오늘도 수고 많으셨어요."

인사 가득한 이 노래 가사로 하루를 마무리할 때면 보상받고 보람찬 하루라 느껴진다. 그녀의 노래는 대부분 긍정적이다. 설령 부정적인 노래라 할지라도 그녀의 밝은 에너지가 노래를 압도해 긍정의 노래로 바뀐다. 그녀의 노래는 항상 밝고 유쾌하다. 에너지가 넘친다. 이것이 홍진영의 밝은 인사와 노래가 합해져 나오는 힘이다.

인사는 '인싸'를 만든다. '인싸'는 'insider(인사이더)'의 준말이다. 아웃사이더와는 정반대로 사람들과 적극적으로 어울리고 분위기를 띄우고 호감적인 사람이다. 인사 잘하는 사람들은 항상 밝고 적극적으로 말하고 행동한다. 상대의 태도와 상관없이 먼저 가서 인사한다. "안녕하세요! 날씨가 화창하네요! 조심히 들어가세요! 또 만나고 싶어요!" 하며 인사한다. 인사를 밝고 유쾌하게 잘하는 것은 자신의 넘치는 기쁨을 상대에게 전이시키는 것이다. 실의에 빠져 우울한 사람들에게 다가가 밝게 인사할 때 마음이 새로워지는 경험을 한다. 사람의 만남은 영혼과 영혼의 만남이다. 축복된 만남은 영혼의 좋은 에너지를 인사를 통해 전이시킨다.

2013년 4월, 〈SBS 스페셜 다큐멘터리〉라는 방송에서 '인사와 친절한 행동'에 관해 실험했다. 엘리베이터 앞에서 마주친 낯선 남성이 인사를 건넨 경우와 그렇지 않은 경우의 행동 실험이다. 한 그룹에서는 낯선 남자가 인사를 했고 다른 그룹에서는 아예 눈길조차 주지 않았다. 그 후 엘리베이터를 타고 내릴 때 낯선 사람이 쓰레기를 쏟게 되는데 두 그룹에 차이가 있었다. 먼저 인사하지 않은 그룹에서 12명 중 3명(25%)만이 쏟아진 쓰레기를 주워주었다.

반대로 인사한 그룹에서는 12명 중 9명(75%)이나 쓰레기를 주워 준 것이다. 인사가 곤경에 처한 사람을 저절로 도와주는, 인간관계의 큰 힘이 된다는 대표적인 실험이었다.

에스파냐 카탈루냐에 코스타 브라바라는 거친 해변이 있다. 해변이 거칠다 보니 거주하는 사람과 여행 온 사람들의 언행 또한 거칠다. 해변에 있는 한 레스토랑(브라우 그리페우)의 주인은 매우 긍정적인 아이디어를 냈다. 주문을 어떻게 하느냐에 따라 커피 값을 다르게 받겠다는 메뉴를 만들었던 것이다.

'커피'라고 주문하면 5유로(6,800원)를 다 받고, '부탁합니다. 커피'라고 하면 절반인 3유로(4,000원)를 받고, '좋은 아침입니다. 커피 한 잔 주세요'라고 인사를 덧붙이면 4분의 1 가격인 1.3유로(1,700원)를 받는다고 했다. 그러자 무례하고 거친 손님들도 태도가 바뀌었다. 모두 즐거운 목소리로 "좋은 아침입니다. 커피 한 잔 주세요!"라고 주문했다.

인사 없이 "커피", "부탁합니다. 커피"만 했다면 4분의 1 가격으로 살 수 없다. "좋은 아침입니다. 커피 한 잔 주세요"라는 인사말의 주문으로 가격 혜택을 받은 것이다. 카페 주인은 거친 레스토랑의 분위기가 '인사' 하나로 부드러워졌다고 고백한다. 인사가 행운을 불러들인다는 것을 레스토랑 주인이 몸소 보여준 사례다.

인사는 반가움의 표시이자 사랑과 존경의 표시이다. 인사를 받은 당사자는 자신을 높여주고 존경받은 표시로 무엇이든 되갚아 주고 싶어 한다. 이것이 인사의 힘이다. 인사는 세계 만국의 공통 예절언어이다. 외국인이 내게 "안녕하세요"라고 했을 때 그를 다르게 바라보게 된다. 인사는 나를 다른 사람 곧 '특별한 사람'으로 만들어주는 능력이 있다.

인사 잘하는 방법

1. 먼저 인사한다.

   나이가 많다고, 직급이 높다고 인사를 받기만 하는 것은 유치하고 늘 거만하게 보인다. 연장자라도 상급자라도 먼저 인사하면 매력 있어 보이고 더욱 존경받는다. 리더는 이끌어주고 섬기는 위치에 있는 사람이다.

2. 웃으며 밝게 인사한다.

   무표정하고 어두운 인사는 존경과 사랑이 없는 형식상의 인사다. '내가 뭘 잘못했나?'라며 의심하게 만드는 차라리 안 하는 것보다 못한 인사다. 인사는 무조건 밝아야 한다. 첫인상은 3초에 결정되고, 표정과 태도가 큰 영향을 미친다.

3. 눈을 보며 인사한다.

   눈은 마음의 창이다. 눈을 마주하는 것은 내 마음으로 상대를 받아들이는 것이다. 눈 마주침 없는 인사는 상대를 무시하는 인사다. 서로 눈을 마주쳐야 제대로 된 인사가 성립된다.

4. 언어로 인사한다.

인사의 힘은 말로 표현할 때 배가된다. 표정과 태도, 언어까지 섞여야 완벽한 인사가 된다. 그냥 인사는 호감을 줄 뿐이고, 말로 표현된 인사는 상대의 마음까지 사로잡는 인사다. "안녕하세요." "반갑습니다." "잘 지내시죠?" "또 뵙겠습니다."

5. 호칭을 부르며 인사한다.

수많은 호칭이 있다. ○○ 씨, 선배님, 선생님, 과장님, 사장님, 원장님 등 상황에 맞게 좋은 호칭으로 인사한다. 호칭은 자신의 또 다른 이름이다. 호칭을 잘못 부르면 무례하게 보이고, 부정적인 호칭은 상대방의 자존감을 떨어뜨리는 행위다.

인간관계 요소들 중 칭찬, 유머, 표정, 사과, 침묵, 질문 등은 알맞게 쓰고 절제에도 힘써야 한다. 과하면 탈이 나게 된다. 하지만 '인사'는 톨스토이의 말처럼 지나친 편이 낫다. 오히려 부족하면 사회 부적응자, 겸손치 못한 오만한 자, 존중감이 없는 자 등으로 오해받는다.

인간관계는 사람과 사람의 만남으로 시작되고 그 만남의 문은 인사로 열 수 있다. 제아무리 뻑뻑한 문 같은 사람도 인사로 열 수 있다. 아무리 무겁고 어려운 사람도 인사의 굴림마찰로 쉽게 이끌

어올 수 있다. 벼는 익을수록 고개를 숙인다. 인사로 잘못 끼워진
첫 단추를 맞춰보자. 인사가 능력이다!

"못 볼지 모르니까 미리 하죠.
굿애프터눈 굿이브닝 앤 굿나잇"
–영화〈트루먼 쇼〉대사 중

작은 것이라도 칭찬하면 자신감을 불러일으킨다

"자신감은 위대한 과업을 달성하기 위한 첫 번째 요건이다." – 새뮤얼 존슨

우리 인생의 순간순간에 맞닥뜨려야 하는 모든 것들 앞에서 가장 필요한 것은 '자신감'이다. 자신감은 무엇을 해낼 수 있다는 스스로에 대한 자기 확신과 믿음이다. 자신감이 없는 인생은 쉽게 지치고 포기하게 만든다. 실패 앞에서 머뭇거리고 일어서지 못한다. 자신감이 결여된 사람들은 늘 우울하고 자포자기한 모습이다.

캐나다 맥길 대학의 연구 결과에 따르면 자신감 상실이 뇌를 축소시켜 두뇌 기능을 떨어뜨린다고 한다. 또 기억력 감퇴와 치매까지 유발한다고 한다. 곧 자신감이 없다는 것은 아무것도 이룰 수 없고 원하는 삶을 살 수도 없다는 것이다.

돈, 명예, 권력, 사랑, 가족, 친구 등 이 모든 것은 자신감을 통해 갖게 된다. 내가 있어야 세상이 있고, 자신감이 있어야 세상을 정

복할 수 있다. 자신감이 없다면 세상은 물론이고 집 밖으로 한 걸음도 못 디딘다. '근자감'이라는 신조어가 있다. '근거 없는 자신감'의 줄임말인데 이는 잘못된 표현이다. 근거가 있기에 자신감이 생긴 것이다.

그럼 자신감의 그 근거는 어디에서 오는가? 바로 '칭찬'이다. 몸집 큰 고래도 조련사의 칭찬이 있기에 춤추고 묘기 부릴 수 있다. 칭찬은 자신감을 표출해 내는 근거다. 칭찬은 상대로 하여금 자신감을 갖고 세상에 나가 춤추듯 신명 나게 살게 한다. 한마디로 칭찬은 자신감의 원천이다.

어릴 적부터 아픈 사람들을 마사지해 주면서 들었던 칭찬들을 아직도 잊지 못한다.

- K대학 총장님: 자네는 이렇게 어린데도 손기술은 할아버지구나. 아픈 부분을 너무 잘 찾고 이렇게 시원하게 풀어줄 수 있다니 신이 임한 것 같네. 더 커서 꼭 세계에 이름을 떨치게.
- C호텔 회장님: 병원에서 수술하자는 허리를 네가 두 번 만에 풀어줘서 낫게 했어. 이쪽 길로 성장하는 데 내가 힘이 되어주고 싶어. 원할 때 언제든 찾아와. 정말 너의 실력은 탑이야.
- 국회의원 L씨: 스트레스 많은 날 재성이에게 와서 몸을 맡기면 피로가 감쪽같이 사라져. 넌 분명히 의사보다 더 훌륭한 인물이 될 거야. 내 동료의원들도 잘 부탁하네. 늘 고마워.

- R치과 원장님: 자네 소문이 치과의사들 사이에 자자하네. 실력
  이 역시 소문대로군. 최고야!

　내 마사지 인생은 어릴 적 몸이 불편하신 부모님을 고치겠다는
마음에서 시작했다. 중학교를 마치고 고등학생이 되었을 때 훌륭
한 스승들을 찾아다니며 전문적인 기술을 습득했다. 만나는 사람
들 모두에게 늘 시범을 보이고 피드백을 받았다. 학교에서는 선생
님들이 따로 불러 몸을 풀어달라고 할 정도였다.

　학교 선후배, 친구들, 가족, 친척, 유명인들이 실력을 맛보고 나
에게 '마신(마사지의 신)'이라는 별칭까지 붙여줬다. 나는 '내가 어
리지만 '신'이라는 별칭을 받았으니 더 열심히 해야겠다'라며 큰
자신감을 가졌다. 결국 사람들의 끊임없는 칭찬이 마흔이 된 지금
까지도 자신감 넘치는 삶을 살도록 하고 있다.

　힘들어서 포기하고 싶을 때도 귓가에 들리는 달콤한 칭찬은 다
시금 사명을 붙잡게 해줬다. 모든 사람들을 사랑하는 마음으로 지
금까지 일할 수 있었던 것은 '칭찬의 힘' 덕이다. 칭찬받으면 아이
디어가 떠오르고 끊임없이 공부하게 된다. 기분을 들뜨게 하고 흥
이 나고 힘이 나며 내 일에 열정을 갖게 한다. 더 큰 위력을 발휘하
게 된다.

　우리는 아직도 성장하는 과정에 있다. 그 과정 속에 자신감을 불
어넣어 주고 당당히 세상으로 나갈 수 있는 것은 칭찬에서 비롯된

다. 그래서 나는 누구를 만나도 반드시 칭찬의 소재를 찾고 칭찬해 준다. 단점까지 장점으로 승화시켜 칭찬해 준다.

평강 공주의 애정 어린 칭찬이 바보 온달을 고구려의 장군으로 서 명성을 떨치게 했다.

평강 공주: 전 온달님이 바보가 아니라 단지 공부할 기회가 없어 서 모르는 것이 많다고 생각합니다. 이제 이 책으로 저와 함께 공부해요.

평강 공주: 지금 바로 장에 가서 야윈 말 한 필을 사오세요. 야윈 말도 좋은 먹이를 주고 정성을 다해 키운다면 훌륭한 말이 될 수 있답니다. 서방님처럼 말이지요.

평강 공주: 서방님, 이번 3월 3일에 열리는 사냥 대회에 나가보시 면 어떨까요?

바보 온달: 내가 그럴 만한 실력이 되겠소?

평강 공주: 그럼요, 아마 1등을 하실 거예요.

출처: 〈북토비 전자도서관〉

'바보도 칭찬을 해줘라. 그러면 쓸모 있는 인간이 된다'라는 속 담이 있다. 온달이 그랬다. 남들이 바보라 놀려댔던 온달을 쓸모 있는 인간으로 만든 것은 칭찬의 힘이다. 오래된 역사서『삼국사 기』에는 신라의 장수 김유신과 함께 온달 장군의 이야기가 나온 다. 온달 장군은 평강 공주의 칭찬으로 유명한 장군이 된 것이다.

눈먼 홀어머니를 모시고 음식을 구걸하며 가난하게 살던 온달의 인생을 칭찬이 180도 뒤바꿨다. 매일 무술과 공부를 게을리하지 않았고 실력을 인정받아 왕 앞에 서기도 했다. 또 전쟁에서 승리를 이끌었고 대형(大兄)이라는 큰 벼슬을 받으며 유명세를 떨쳤다. 바보 온달의 근거 있는 자신감은 평강 공주의 칭찬에서 온 것이다.

피그말리온 효과(Pygmalion effect)란, 무언가의 기대가 실제로 일어나는 현상을 말한다. 1964년 봄, 하버드 대학 심리학과 로젠탈(Robert Rosenthal) 교수가 미국의 한 초등학교에서 지능 테스트를 실행했다. 그 후 결과와 관련 없이 무작위로 20% 정도의 학생을 뽑아 명단을 선생님들에게 나눠줬다. 학생들의 명단을 교사들에게 주면서 지적 능력과 학업 성취가 향상될 가능성이 높다는 정보를 줬다. 선생님들은 20%의 학생들에게 관심과 기대를 품었고 그 결과 8개월 후 놀라운 일이 펼쳐졌다. 기대와 관심을 받은 20%의 학생들은 다른 학생들보다 태도가 좋아지고 성적이 향상된 것이다.

범죄자들의 어린 시절은 대부분 사랑과 칭찬이 아닌, 미움과 질책, 폭력 등으로 물들어 있다.

● 유영철 외할머니: 영철이를 낳고 나서 딸이 영철이를 죽여버리려고 했다. 형편이 너무 어려워서. 영철이는 평생 내 딸에게 짐

이었다.

- 신창원 아버지: 아들의 버르장머리를 고치려고, 경찰들도 훈방 조치한 아들을 소년원에 넣어달라고 사정해 잡아 넣었다. 아무리 작은 일이라도 벌을 받아야 한다는 걸 가르쳐주었다.
- 강호순 고향 주민: 대낮에 제 엄마한테 혼나는 모습도 자주 눈에 띄었다. 그럴수록 남의 물건에 더러 손을 대는 등 손버릇이 더 심해졌다.

위에 등장하는 3명은 한국을 떠들썩하게 했던 범죄인들이다. 주변인들에게 듣는 그들의 어릴 적 이야기는 부정적 파장이 가득하다. 자식에 대한 부모의 살인 계획, 욕설, 폭력, 비난 등 입에 담기 어려운 내용이 난무하다. 특히 신창원은 "돈 안 가져왔는데 왜 학교 와? 꺼져"라는 선생의 말에 어둠을 품게 됐다고 한다. 그는 또 말한다. "저 같은 범죄자가 다시는 없게 사회와 가정에서 문제아들에게 사랑을 주세요."

그렇다. 어떠한 비난과 질책도 자신감을 불러오기란 힘들다. 오히려 칼을 갈고 복수의 날을 기다리는 범죄자만 양성할 뿐이다. 꾸짖음은 올바른 자신감이 아닌 '틀린 자신감'을 일으킨다. 우리의 따뜻한 칭찬으로 범죄자 없는 세상을 꿈꿔본다.

칭찬하는 방법

1. 과정을 칭찬한다.

결과에 대한 칭찬은 평가하는 것이고 압박을 준다. 칭찬은 과정을 말해야 한다.

"똑똑하네."(X), "노력했구나."(O), "1등 했네. 훌륭해."(X), "1등까지 최선을 다한 모습 좋아."(O)

2. 직은 깃에도 칭찬을 아끼지 않는다.

잠시 나태하고 넘어져도 다시 일어날 힘을 얻는다. 자신감을 키우는 원동력이다. 작은 행동들이 쌓여 큰 산을 이룬다.

"한 시간 일찍 일어난 모습 좋아."

3. 구체적으로 칭찬한다.

피상적인 칭찬은 잘 전달될 수 없다. 구체적인 칭찬은 잘 알아듣고 반응하게 한다.

"넥타이 좋네요."(X), "넥타이 고르시는 안목이 좋습니다. 잘 어울리세요."(O)

4. 듣지 못한 것을 칭찬한다.

예쁜 사람에게 "예쁘시네요"라는 칭찬은 식상하다. 다른 면을 칭찬해서 오래 기억되게 한다.

"말씀하실 때 목소리의 울림이 사람을 끌어들입니다."

5. 단점을 칭찬한다.

자신이 느끼던 단점을 상대가 관점을 달리해 칭찬하면 위안을 얻는다. 단점을 더 좋게 바꾸려 노력한다.

"늦게 잠자는 것도 괜찮아. 올빼미형들이 창의성이 더 높대."

내 책상 서랍에는 그동안 받은 칭찬 편지들과 그동안 들었던 칭찬을 기록한 노트가 들어 있다. 살면서 지치고 자신감이 떨어질 때 서랍을 열고 그동안 받은 칭찬들을 다시금 훑어본다. 음식을 섭취하듯 전부 읽어 내려가면 어느덧 새 힘이 솟아난다. 자신감이 솟구친다. 정체성이 회복된다.

미국의 심리학자 윌리엄 제임스는 인간의 본성 중 강한 욕구가 '인정받고 싶은 욕구'라고 했다. 식욕, 수면욕, 성욕 다음으로 중요한 '인정욕구'는 작은 것이라도 칭찬할 때 채워줄 수 있다. 철학자 장 폴 사르트르는 "인생은 B(Birth)와 D(Death) 사이의 C(Choice)다"라고 말했다. 태어나 죽을 때까지 선택의 연속이다. 오늘도 칭찬을 선택하여 자신감으로 거듭나는 생명의 삶을 살자.

"칭찬은 평범한 사람을 특별한 사람으로 만드는 마법의 문장이다"
— 막심 고리키

대화는 조금만 바꿔도
큰 변화가 생긴다

표정이 달라지면 감정이 달라져 다른 대화를 하게 된다

"행복해서 웃는 것이 아니라 웃어서 행복한 것이다." - 윌리엄 제임스

인간이 사회생활을 위해 가장 필수적으로 하는 행위가 대화다. 아침에 눈뜨면서부터 밤에 잠들기 전까지 모든 순간이 대화의 연속이다. 대화를 통해 서로가 의사전달을 하게 되는데 의사를 전하는 것일 뿐 진정한 대화라 할 수 없다.

진정한 대화가 되려면 의사전달을 넘어 의사소통이 되어야 한다. 지금은 대화에 관한 책들과 강의들이 넘쳐나고 많은 대화 스킬들도 존재한다. 하지만 그런 정보와 스킬들이 많아도 진정한 대화를 할 수 없다. 진정한 대화는 상대를 존중하고 사랑하는 감정이 생길 때 가능해진다.

우리는 늘 좋은 대화, 이전과 다른 대화, 진정한 의사소통을 하길 원한다. 그럼 어떻게 해야 좋은 감정이 생겨 진정한 대화를 이끌어갈까?

미국의 철학자이자 심리학자인 윌리엄 제임스(William James)는 1884년 논문 「감정이란 무엇인가」를 통해 '제임스-랑게' 이론을 발표했다. 그 이론에 따르면 인간의 정서 경험은 외부의 자극을 통해 신체가 변화되어 생긴다. 즉 신체의 반응으로 어떤 감정이든 만들 수 있다는 것이다. 그래서 슬퍼서 울고 행복해서 웃는 것이 아니라, 울어서 슬프고 웃어서 행복하다는 것이다.

진정한 대화는 감정을 변화시켜야 하고 그 감정의 변화는 표정 변화에서 시작한다. 웃는 표정, 밝은 표정들이 내 감정과 상대의 감정을 뒤바꾸고 이전과 다른 대화를 이끌어간다.

나와 웃음으로 신뢰를 맺은 참치가게 사장님이 계셨다. 그분과의 대화는 늘 편안함 자체였다.

사장님: (부드러운 웃음) 재성 씨. 오셨어요! 이 앞으로 앉으세요. 좋아하는 메뉴로 드릴게요.

나: 오늘도 웃음 가득이시군요. 올 때마다 웃어주셔서 감사해요. 힘들 땐 꼭 오게 되네요.

사장님: (부드러운 웃음) 무슨 일 있어요? 먹고 싶은 것 있으면 말해요! 오늘 서비스!

나: 매번 올 때마다 서비스 주시면 남는 게 있어요? 웃어주시는 얼굴 보기만 해도 배불러요.

사장님: (부드러운 웃음) 재성 씨도 제게 웃어주실 때마다 힘든 게

싹 가시는데요?

나: 제 친구들이 사장님만 보면 힐링된대요. 다음 주에는 친구들하고 같이 올게요.

참치가게 사장님은 처음 방문 때부터 웃어주셨다. 그의 웃음에는 전혀 가식이 없었다. 진심을 다해 사랑하는 마음으로 늘 웃어주셨다. 갈 때마다 손님들은 사장님과 항상 인생 이야기에 열을 올리고 있었다. 어떤 이야기도 웃으며 대화가 가능했던 분이시다.

사장님의 웃음은 상대로 하여금 계속 말하도록 하는 마법이 있다. 그분과 웃으며 하는 대화들은 평안했고 위로를 주고 잔잔했다. 쉬는 날은 노인분들이 계신 장수마을로 간간이 봉사활동을 함께 가기도 했다. 지금 그분은 하늘나라에 계시다. 간암으로 돌아가셨는데 임종 때까지 내 앞에서 웃음을 잃지 않았다.

내가 그분께 배운 것이 있다. 절대 웃음을 잃지 않는 것이다. 어느 순간에도 웃으며 상대를 편안한 대화로 이끄는 것이다. 이 대화법은 항상 좋은 반응을 준다. 상대와 더 많은 이야기를 나누고 진지한 대화와 수준 높은 대화를 하게 해준다. 밝고 웃는 표정이 서로의 감정을 좋게 해주기에 어떤 대화도 가능한 것이다.

가끔씩 참치가게 사장님을 생각하면 감사한 마음이 된다. 웃음의 힘을 정확히 알게 해주셨다. 몸이 아프다고 하셨을 때 자주 가서 풀어드리지 못한 것이 아쉽다. 나는 그분을 통해 알게 된 웃음의 힘과 살아 있는 표정의 힘을 알기에 매일같이 연습한다. 말에 온도가 있듯 표정에도 온도가 있다. 그 온도는 사람을 살리는 '생명의 온도'다.

신경학자이며 심리학자인 빅터 프랭클의 『죽음의 수용소에서』에 나오는 글이다.

"가능하면 매일같이 면도를 하게. 유리 조각으로 면도를 해야 하는 한이 있더라도. 그것 때문에 마지막 남은 빵을 포기해야 하더라도 말일세. 그러면 더 젊어 보일 거야. 뺨을 문지르는 것도 혈색이 좋아 보이게 하는 한 가지 방법이지. 자네들이 살아남기를 바란다면 단 한 가지 방법밖에는 없어. 일할 능력이 있는 것처럼 보이는 거야……. 그러니까 늘 면도를 하고 똑바로 서서 걸어야 한다는 사실을 명심하게. 그러면 더 이상 가스실을 두려워할 필요가 없어."

위 글은 빅터 프랭클이 아우슈비츠 수용소에서 동료 수감자에게 들은 말을 적은 것이다. 그는 단지 유대인이라는 이유로 수용소에 끌려와 119번이라는 번호로 고된 삶을 살아야 했다. 눈앞에서 부모와 형제, 아내를 잃고 매일 공포와 굶주림에 시달렸다. 극한의 상황이 살아갈 의지를 꺾기에 충분했지만 그는 살아야 할 의미를 찾은 것이다. 혈색이 죽고 약하고 병든 사람들이 가스실로 보내질 때 그는 악착같이 자신을 가꿨다. 얼굴을 생기 있게 보이려고 매일같이 유리 조각으로 면도를 하고 피를 내서 볼에 바르기도 했다.

결국 생명의 온도가 넘치는 표정이 삶의 의지가 강하고 살아 있는 사람으로 비치게 한 것이다. 그는 끝내 살아 돌아왔다.

"고통 속에서 죽음을 택하는 것은 가장 쉽고 나태한 방법이다. 죽음은 그리 서두를 것이 못 된다. 희망을 버리지 않는 사람은 반드시 구원을 받는다." 죽음의 수용소에서 살아 돌아온 빅터 프랭클의 말이다. 그의 생기 있는 표정이 희망의 감정을 갖게 하고, 구원의 실마리가 되게 한 것이다. 그의 대화는 여느 수용자들과는 느낌이 달랐다. 대화가 달랐다. 표정부터 대화까지 생기 넘치는 사람이었다.

신은 중심을 보지만 인간은 외모를 본다. 험상궂은 얼굴, 나약한 얼굴, 침울한 얼굴 등을 누가 계속 보고 싶은가? 오래 보고 싶은 사람, 관계 맺고 싶은 사람은 부드러운 얼굴을 하고 있다. 밝고 웃는 생기 있는 얼굴이다. 우린 그런 사람과 만나고 대화하고 싶다.

1971년 UCLA 대학 심리학과 명예교수 앨버트 머레이비언은 『침묵의 메시지』를 저술했다. 그는 저서를 통해 효과적인 의사소통의 요소를 발표했다. 그것은 언어적인 표현보다 비언어적인 표현의 중요도를 알리는 내용이었다.

누군가를 처음 대할 때 상대방의 호감도가 시각 55%, 청각 38%, 내용 7%의 영향을 준다고 한다. 즉 비언어적인 시각(표정, 태도)과 청각(목소리, 말투)에 93%까지 큰 영향을 받는다는 것이다. 이 결과가 표정이 음성과 내용보다 더 중요하다는 '머레이비언의 법칙'이다.

"'부드러운 미소'와 '따뜻한 말투'로 말한다면 상대방은 '사랑한다'는 의미로 받아들일 수 있다." - 앨버트 머레이비언

2018년 4월 27일은 판문점 군사 분계선에서 문 대통령과 북한의 김 위원장이 만난 역사적인 날이었다.

김정은 위원장: (활짝 웃으며) 반갑습니다.
문재인 대통령: (활짝 웃으며) 오시는 데 힘들지 않았습니까?
김정은 위원장: 아닙니다. 정말 마음 설렘이 그치지 않고요, 이렇게 역사적인 장소에서 만나니까, 또 이런 분계선까지 나와서 맞이해 준 데 대해서 정말 감동적입니다.
문재인 대통령: 여기까지 온 것은 위원장님 아주 큰 용단이었습니다. 역사적인 순간을 만들었습니다.

두 정상의 만남은 전 세계인들의 주목을 받았다. 각국의 주요 방송들은 판문점을 생중계하며 극찬하며 기대에 부풀었다. 또 3,071명에 달하는 외신 기자들은 한자리에 모여 평화를 기원하며 취재에 열을 올렸다. 세계인들은 물론 남북한 국민들 대다수가 마지막 분단국가의 아픔이 종식되기를 기대했다. 두 정상은 남북공동 합의서와 여러 가지를 약속했고 이전과는 다른 대화들을 나누었다.

축제의 한마당이었고 세계인들의 기대를 부풀게 했던 이날의 이면에는 중요한 핵심이 있었다.

바로 '웃음'이다. 잔인한 독재자의 얼굴에서 나온 밝은 웃음이 보는 이들을 무장 해제시켜 버린 것이다. 만약 김 위원장의 얼굴에 웃음이 없었다면 좋은 결과들을 예측하지 않았을 것이다. 이후에 열린 만찬과 행사에서 끊임없이 밝은 웃음을 보이며 통일을 앞당기듯 대화를 이어나갔다.

웃음으로 시작된 첫 만남이 뜻깊은 대화를 하게 하고 서로에게 큰 신뢰를 준 것이다. 김 위원장의 웃음이 전략이었는지 모르지만 그 웃음의 위력이 우리의 감정 상태를 바꾸었다. 잔인하고 악랄한 독재자에서 평화의 사신으로 이미지를 바꾼 것은 '웃음의 힘'이었다.

웃음이 주는 효과

① 웃음은 우리에게 힘을 준다.
② 웃음은 어떤 고난도 극복할 능력을 준다.
③ 웃음은 상호 간의 대화와 마음의 통로를 열어준다.
④ 웃음은 긴장감을 완화시킨다.
⑤ 웃음은 분노를 몰아내고 공격성을 잃게 한다.
⑥ 웃음은 의사가 진단의 도구로 사용할 수 있다.

– 오하이오 주립대학 낸시 렉커(Nancy Recker) 교수

지구상에서 언어를 구사할 능력을 가진 동물은 인간이 유일하다. 그래서 우리는 지금도 쉬지 않고 많은 언어들로 대화하고 있다. 때론 유창하고 화려한 언어로 사람들의 이목을 끌고 싶어 한다. 하지만 그보다 더 앞서 실행되어야 할 것은 전과는 다른 좋은 감정을 갖고 대화하는 것이다. 그 좋은 감정은 좋은 표정 곧 웃음을 연출할 때 나타난다. 언어가 고급스럽지 않아도 웃음으로 대화한다면 의사전달을 넘어 의사소통에 이를 것이다. 울기 때문에 슬퍼진다. 웃으면 슬퍼질 일도 사라진다. 의사전달에만 머무르는 짐승 같은 울음의 대화는 없애야 한다. 크게 웃어보자. 웃음으로 의사소통이 가능한 행복한 대화를 만들어보자. 웃어야 행복해!

"웃음은 만국 공통의 언어다."
- 조엘 굿맨

바른 자세가 자존감 넘치는
건강한 대화를 만든다

누구나 건강한 삶을 꿈꾸며 살아간다. 병들고 약한 삶을 원하는 사람은 단 한 명도 없다. 대화도 마찬가지다. 인간관계에서 매일 해야 하는 대화도 아무 문제 없이 하고 싶지만 현실은 그렇지 않다. 열등감, 부정성, 무기력, 두려움, 미움, 비판, 분노, 우울 등으로 대화에 브레이크가 걸려 있다. 이 모든 것들은 낮은 자존감에서 나타난 것이다.

자존감(自尊感)은 자아존중감(自我尊重感)의 줄임말로 자신을 가치 있고 귀한 존재로 받아들이는 감정이다. 결국 자신을 존중하지 못하는 것이 병든 대화의 원인이다. 누구나 브레이크 없고 막힘없는 건강한 대화를 갈망한다.

"건강한 육체에 건강한 정신이 깃든다." - 유베날리스

그렇다면 어떻게 해야 자존감을 높여 건강한 대화를 할 수 있을까? 답은 '바른 자세'에 있다. 자존감은 외부에서 들어오지 않고 내부에서 일어난다. 내가 나를 사랑하고 존중해 줄 때 자존감이 높아진다. 이때 바른 자세가 진짜 자존감을 세워준다.

'심신일원론'은 몸과 마음이 하나라는 것이다. 몸은 정신에, 정신은 몸에 영향을 주는데, 바른 자세의 몸이 정신을 바르게 일깨워준다. 우리는 스트레스를 받거나 좋지 않은 일을 겪을 때 어깨가 움츠러들고 등이 굽는다. 이때 등을 곧게 세우고 어깨를 활짝 펴면 마음과 생각이 새로워진다. 건강한 대화는 바른 자세로 자존감을 높일 때 가능하다.

우리 아버지는 대화할 때마다 스스로 자존감을 낮추는 말들을 자주 하신다.

아버지: 아빠가 몸이 불편하고 힘이 없어서 아무것도 할 수가 없단다. 너희들한테 미안해.
나: 아빠, 그래도 마음을 굳게 다졌으면 좋겠어요. 지금까지 잘 살아오셨어요.
아버지: 아니야. 내 인생은 실패한 인생이야. 다음 생에 건강하게 태어나길 바라야지.

나: 아빠한테 받은 게 얼마나 많은데요. 태어나게 해주셨고 지금까지 건강하게 살아왔어요.

아버지: 너희가 그렇게 생각해 주니 참 고맙다. 그렇지만 아빠는 삐뚤어진 인생이야.

나: 어려움 속에서도 아빠의 굳건하고 담대한 모습을 많이 배우고 있어요. 힘내세요.

내게 초능력이 있다면 장애를 가진 아버지의 몸을 고치고 싶다. 버킷리스트에도 부모님의 장애의 몸을 올곧게 펴드리는 것이 들어 있는데 불가능한 얘기다. 아버지를 볼 때면 가장으로서 짊어졌을 무게를 느낀다. 불편한 몸으로 세상에서 남들과 똑같이 경쟁한다는 것이 계란으로 바위를 깨트리는 것과 같았을 것이다.

아버지는 자존감을 높이려고 외적인 모습에 치장을 많이 하셨다. 좋은 자동차, 돈에 대한 집착, 자기를 따르는 친구들 등 가짜 자존감에 심취해 있었다. 이제는 늙고 몸이 더 야위어갈수록 자존감이 바닥을 치고 있다. 장애의 몸이 아니었다면 건강한 자존감을 갖고 사셨을 텐데 늘 아쉽다.

수십 년을 보고 자란 것을 무시할 수 없듯, 나 또한 부모님의 자세를 닮고 있었다. 그러다 우연한 기회에 어떤 책을 읽고 나의 구부정한 자세를 바꾸기 시작했다. 자존감이 떨어지고 기(氣)가 막히는 원인은 구부정한 자세에 있다는 내용이었다. 책 제목은 기억나지 않지만 그 뒤로 자존감이 상승되었고 전보다 더 건강한 대화를 하고 있다. 바른 자세가 한 사람의 존재감을 높여준다.

바른 자세를 취하면 나쁜 정신이 들어올 수 없다. 웃긴 자세로 진지한 생각을 하긴 힘들다. 개그맨들의 자세와 몸짓은 보기만 해도 우습다. 인간의 몸은 반드시 정신의 지배를 받고, 정신은 반드시 몸의 지배를 받는 상호작용을 한다.

하버드 대학 비즈니스스쿨 교수이자 사회심리학자인 에이미 커디는 자세와 정신의 관계를 연구했다. 한 그룹에는 허리를 세우고 가슴을 펴게 했고, 다른 한 그룹에는 땅을 보고 웅크리게 했다. 열린 자세를 '힘 있는 자세'로 닫힌 자세를 '힘없는 자세'로 명하고 2분 동안 자세를 취하게 했다. 그 후 실험 용기에 타액을 채취해 호르몬 변화를 실험했는데 결과는 놀라웠다. '힘 있는 자세'를 취한 그룹에서는 활력 호르몬인 테스토스테론이 20% 증가했다. 또 스트레스 호르몬인 코르티솔은 25% 감소했다. 반대로 '힘없는 자세'를 취한 그룹에서는 코르티솔이 15% 증가했고, 테스토스테론이 10% 감소했다. 자세가 정신에 큰 영향을 준다는 실험 결과이다.

올바른 자세 하면 떠오르는 운동이 보디빌딩이다. 한국의 대표 보디빌더 중 한 사람이 황철순이다. 그는 세계대회 챔피언이고 현역 선수 중 최다 수상자이다. 그는 한 인터뷰에서 몸을 만들었을 때 주변의 시선과 자신의 정체성이 달라졌다고 말한다.

"몸이 왜소하니까 새치기도 많이 당하고 무시당하는 느낌이 강했다. 버스에서 벨을 눌렀는데도 기사님이 실수로 그냥 가버릴 때가 있었다. 근데 너무 소극적이라 '아저씨 저 내려야 돼요!' 이 말을 못 해서 다음 정거장까지 간 적도 있었다. 물건을 사면 불량품이라도 환불을 못 할 정도로 소극적인 사람이었다. 그런데 몸을 만들고 나니까 어딜 가도 길이 열리고 사람들이 존경하는 눈빛으로 쳐다봐 준다."

자존감이 낮은 사람은 할 말을 못 하고 상대가 나를 어떻게 볼까 눈치 보고 주눅 들기 일쑤다. 왜소한 몸에 바른 자세를 만들지 않았을 때 황철순은 상당히 소극적이었고 자존감이 낮았다. 당연히 해야 할 말도 하지 못했던 그가 강인한 몸을 만들고 180도 달라지는 기적이 일어났다. 자존감이 높아지는 것은 물론이고 사람들이 그를 바라보는 눈빛과 대화의 질이 달라진 것이다.

몸을 만들고 좋은 자세가 되면 스스로 더 당당해지고 상대방에게는 좋은 인상을 심어준다. 운동의 효과는 셀 수 없이 많다. 질병과 비만을 예방하고 뇌를 발달시켜 준다. 그리고 이보다 더 좋은 것은 몸을 균형 있게 하여 자존감을 높이고 적극적인 인물로 탄생시켜 준다는 사실이다.

올바른 자세 전도사인 대한민국 1호 자세 전문가 송영민 소장이 있다. 그는 자신의 저서『자세 하나 바꿨을 뿐인데 사람들이 나를 대하는 게 달라졌다』에서 말한다. "긍정적인 마음가짐과 건강한 신체가 동반된 상태가 되었을 때 비로소 가장 강력하고 지속적인 포스처 파워가 발휘될 수 있다."

그렇다. 자세의 힘은 기본적으로 건강한 몸에서 나오는 것이다. 하루에 단 20분씩이라도 운동을 해서 몸을 만들어야 자연적으로 좋은 자세를 유지할 수 있다. 움직임 없이 정적인 운동으로도 도움을 받을 수 있다. 이미지 트레이닝은 불교의 참선과 힌두교의 명상이 도움이 된다. 참선과 명상은 수련의 마지막 단계인 열반과 해탈로 들어가 결국 '참나'를 발견하게 도와준다.

아홉 가지 몸가짐(九容)

1. 두용직(頭容直)

머리를 곧게 세워라. 지금 우리 주변엔 고개 떨어뜨린 사람이 너무 많다. 하지만 다시 고개 들어 하늘을 보라. 아직 끝이 아니다. 끝인 듯 보이는 거기가 새 출발점이다.

2. 목용단(目容端)

눈은 바르게 가져야 한다. 눈매나 눈빛은 중요한 만큼 눈매는 안정시켜 흘겨보거나 곁눈질하지 말며 좋은 인상을 줄 수 있어야 한다.

3. 기용숙(氣容肅)

기운을 엄숙히 하라. 우리는 예외 없이 세상 속에서 기 싸움을 하고 있다. 기 싸움은 무조건 기운을 뻗친다고 이기는 게 아니다.

4. 구용지(口容止)

입을 함부로 놀리지 말라. 물고기가 입을 잘못 놀려 미늘에 걸리듯 사람도 입을 잘못 놀려 화를 자초하는 법. 자고로 입을 잘 단속하는 것이 품격의 기본이다.

5. 성용정(聲容靜)

소리는 조용하게 가져야 한다. 말할 때는 시끄럽게 해서도 안 되며 바른 형상과 기운으로 조용한 말소리를 내도록 해야 한다.

6. 색용장(色容莊)

얼굴빛은 씩씩하게 해라. 사람들의 얼굴빛이 어둡다. 어렵다고 찡그리지 말고 애써 웃는 얼굴을 해라. 긍정과 낙관이 부정과 비판을 이기게 하라.

7. 수용공(手容恭)

손은 공손하게 가져야 한다. 손을 사용할 때가 아니면 마땅히 단정히 손을 맞잡고 공수(拱手)해야 한다.

8. 족용중(足容重)

발은 무겁게 가져야 한다. 즉 처신을 가볍게 하지 말라는 말이다. 발을 디뎌야 할 곳과 디디지 말아야 할 곳을 구별할 줄 알라는 말이다.

9. 입용덕(立容德)

서 있는 모습은 의젓하게 해야 한다. 중심을 잡고 바른 자세로 서서 덕이 있는 기상을 지녀야 한다. 고로 서 있을 자리 물러설 자리를 아는 것이다.

출처: 율곡 이이의 『격몽요결』(https://chaga-chaga.tistory.com/84)

건강한 대화가 건강한 사회를 만든다. 갈수록 심해지는 강력범죄들 앞에 건강한 대화가 절실히 필요하다. 어느 곳이나 건강한 대화만 있다면 부정적 에너지들은 반드시 소멸된다. 그 건강의 뿌리는 바른 자세에 있다. 바른 자세로 자존감이 높아질 때 건강한 대화가 가능해진다. 뿌리가 약하면 열매도 약하다. 보기에도 힘없는 자세, 병든 자세는 힘없고 병든 대화를 이끌어낼 뿐이다.

병든 자세, 병든 자존감, 병든 대화를 소각하자. 힘차고 건강한 자세로 어둠의 소용돌이 속에 묻혀 있던 참된 나를 끄집어내라. 패배의 자세를 일으켜라. 패배의 자존감을 되찾아라. 패배의 대화를 재건설하라. 자세를 세워라! 능치 못할 일이 없으리라!

"너 자신이 되라. 다른 사람은 이미 있으니까"
-오스카 와일드

대화할 때 공통점이 있으면
관계에 성공한다

"우리는 우리와 닮은 사람들을 좋아한다." - D. 바인

우리는 어릴 적부터 수많은 위인들의 이야기를 보고 듣는다. 그들의 정직함, 용맹함, 지혜, 명철 등 위인들의 공통점을 발견하고 우리의 롤 모델로 삼는다. 기업들도 성공한 기업들의 공통점을 발견하고 벤치마킹하여 성공의 발판을 마련한다.

회사나 사람이나 성공하는 데에는 반드시 이유가 있다. 성공의 연결고리가 있다. 그 성공의 공통점을 발견하여 삶에 적용한다면 똑같진 않아도 성공 못 하리란 법은 없다. 공통점 발견은 성공의 연결고리다. 애벌레에서 나비가 될 것인가, 애벌레에서 나방으로 될 것인가는 우리의 선택에 달려 있다. 훌륭한 공통점을 발견할 때 날개를 펴고 자유롭게 비상하는 아름다운 나비가 될 것이다. 나비 효과를 낼 것이다.

인간은 사회적 동물이다. 관계 속에서 살아간다. 관계를 떠나서
는 살 수 없다. 때문에 매일 반복되는 인간관계에서 성공하고 싶어
한다. 그것이 지구상에서 잘사는 길이기 때문이다. 여기 인간관계
를 성공으로 이끄는 연결고리가 있다. 바로 공통점 찾기다. 너와
나의 연결고리는 '공통점'에서 시작한다.

커뮤니케이션(Communication)은 의사소통을 뜻하는데, 이 단어
는 '공통 공유'를 뜻하는 라틴어 'Communis'에서 파생했다. 즉 진
정한 의사소통은 서로의 공통점을 공유하는 것이다. 차이점은 인
간관계에서 너와 내가 다르다는 거리만 둘 뿐 아무 유익이 없다.
차이점은 관계를 실패로 이끈다. 공통점만이 관계에 성공을 불러
일으킨다.

중학교 때의 일이다. 오락실에서 한 무리를 쳐다봤다는 이유로
사정없이 맞을 때였다. '이번 생은 여기까지구나'라고 생각할 때
저 멀리서 무리의 대장이 내게 말을 걸어왔다.

대장: 얘들아 멈춰! 너 혹시 M동에 살던 재성이 아니야? 얼굴 들
어봐!

나: 네. 저 M동에 살던 재성이입니다. 저 좀 살려주세요.

대장: 이놈들아! 재성이는 내가 아끼던 동생이야! 멈추고, 어서
사과해라!

무리: 우리가 미안하다. 아프지 않았니? 정말 미안해.

나: 너무 아팠어요. 멈춰줘서 고마워요. 형! 정말 살려줘서 고마워요. 형을 여기서 보다니…….

어릴 적 알고 지내던 동네 형이 아니었다면 병원으로 실려갔을 것이다. 무리에게서 살아난 것은 그 형과 내가 자란 동네라는 공통점 덕이었다. 사실 난 그 형의 얼굴도 이름도 모른다. 조그만 추억이 있었겠지만, 기억이 전혀 없고 지금도 그 형이 누군지 모른다. 그냥 신이 보낸 천사 같은 존재였다. 그 전사의 얼굴을 한 천사 같은 형이 찾아주고 불러준 공통점이 나를 살렸다.

공통점이란 단어는 나를 죽음으로부터 해방시켜 준 소중한 단어다. 공통의 연결고리가 그 공간에서 순간적인 공감대를 형성했다. 공통점이 위기 상황에서 큰 힘을 발휘한 것이다.

한국에는 유독 심한 인연 문화가 있다. 같은 학교의 인연, 같은 지역의 인연, 같은 핏줄의 인연. 이 삼위일체 인연은 어느 곳이나 항상 문제를 만들어내는 원인이다. 하지만 우리는 '학연, 지연, 혈연'이라는 공통점을 벗어나 살 수 없다. 이런 것들이 문제라고 공인들과 정치인들은 한목소리를 낸다.

그러나 정작 본인들도 타 지역에 가면 첫마디에 공통점을 내세우기에 급급하다. "제가 이 지방 출신입니다." "이곳이 저의 어머니 고향입니다." "이 학교와 인연이 깊었습니다." 공통점으로 동정심과 표심이 흔들린다. 팔은 안으로 굽지 절대 바깥으로 굽지 않는다. 영화 〈범죄와의 전쟁〉에서 최민식의 대사가 떠오른다. "느그 서장 남천동 살제?"

심리학자 엠스윌러는 공통점이 미치는 영향에 관해 한 가지 실험을 했다. 1967년경부터 히피 문화가 주를 이루고 있을 때 한쪽은 정장을, 다른 한쪽은 히피 복장을 하게 했다. 복장이 돈을 빌려주는 데 영향을 미치는지에 대한 유사성 실험이었다. 각 그룹은 학생들에게 10센트가 없다며 사정을 얘기했다. 그러자 정장 차림이나 히피 복장의 공통점 때문에 3분의 2 정도가 흔쾌히 돈을 주었다. 반대로 자기들과 다른 복장의 사람들에게 돈 부탁을 했을 때 절반가량은 요구에 응하지 않았다. 정장이냐 히피 복장이냐는 중요하지 않았다. 상대가 자기와 얼마나 비슷하냐에 따라 마음이 끌린다는 실험이었다.

어딜 가나 공통점을 각인시켜 관계와 일에 성공하는 사람들이 있다. 오래전에 자주 이용하던 미용실 원장님의 공통점 찾기는 단골로 북적이는 데 한몫했다.

A 고객: 머리 깎으러 자주 와야 하는데 바빠서 못 왔어요.

원장님: 저도 머리 손질할 시간이 없네요. 혹시 펌 어떠세요? 오래 놔둬도 괜찮을 거예요.

B 고객: 좀 전에 청국장 맛있게 먹고 왔어요. 근데 몸에 냄새가

배어 있네요. 죄송해요.

원장님: 괜찮아요. 저도 청국장 좋아하거든요. 어디에서 드셨어요. 저도 가보고 싶네요.

C 고객: 원장님, 제 머리 투블럭 커트로 하면 무리겠죠? 해보고 싶긴 한데.

원장님: 잘 어울리실 거 같은데요. 저도 이번에 투블럭 하려고 해요. 요즘 대세잖아요.

원장님은 고객들 한분 한분과 공통분모를 찾아 대화를 즐겁게 나눈다. 등산, 맛집, 여행, 패션 등 어느 주제든지 고객한테 맞춰주며 대화한다. 심지어 편향적인 종교와 정치에서 공통점을 찾고 고객 편에서 역지사지하여 대화를 이어나간다. 미용실을 갈 때마다 '공통점 찾기' 수업을 받는 느낌이었다.

이때 터득한 공통점 찾기는 20대 때 나의 세일즈 성장에 큰 원동력이 되었다. 유능한 세일즈맨은 공통점을 공유하고 고객과의 거리를 좁힌다. 차이점을 상기시켜 고객과 차이를 두는 자는 무능하고 미련한 자다. 고객은 제품보다는 상대와의 관계가 형성될 때 제품에 관심을 갖게 된다. 관계 형성은 공통점으로 시작하는 것이다.

게슈탈트 법칙 중에 '유사성의 원리(Principle of Similarity)'가 있다. 시각적으로 비슷한 것끼리 집단화시켜 지각하는 것을 말한다. 곧 서로 비슷한 부분이 있는 사람끼리 호감을 갖게 된다는 것이다.

누군가 나와 비슷한 외모, 차림새, 생각, 행동을 하게 되면 내 편으로 간주하게 된다. 상대가 낯설지 않고 공통 부분이 있기에 함께하면 마음이 편해진다.

유사성의 원리를 이용해 기네스북에 오른 사람이 있다. 자동차 판매왕 조 지라드(Joe Girard)다. 그는 공통점으로 친분을 쌓아 15년 동안 무려 1만 3000대의 차량을 판매한 전설적 인물이다. 고객들의 사소한 부분까지 공통점으로 연결시키는 능력이 지라드를 세계 정상으로 만들었다.

주변에는 공통점 찾기로 대화에 활력을 주고 보이지 않는 다리를 만드는 사람들이 있다. 반대로 대화의 힘을 빼고 형성된 다리를 파괴하는 사람들도 있다.

지성: 우리 부모님이 당뇨로 모두 고생하셨는데 나도 요즘 많이 지치고 시력도 흐려지네.

지혜: 그러게. 요즘 너 많이 지쳐 보여. 유전을 무시할 수 없으니 병원에서 검사받아 봐.

지성: 우리 부모님이 당뇨로 모두 고생하셨는데 나도 요즘 많이 지치고 시력도 흐려지네.

은혜: 웃기고 있네. 잠도 늦게 자고 군것질을 그렇게 해대니까 그렇지. 똑바로 살아. 정신 차리고!

지혜는 공통점 있는 공감 말투로 대화의 흐름을 부드럽게 이어나간다. 굳이 무리해서 공통점을 찾으려 하지 않는다. 출신 학교, 혈액형, 입은 옷, 좋아하는 음식 등으로 공통점을 찾아낸다. 그 공통점의 말투가 상대의 마음을 편안하고 기분 좋게 해준다. 공통점을 어렵게 생각할 필요가 없다. 상대의 말을 포용하는 순간부터 공통점 찾기는 시작된다. 보이지 않는 다리를 계속 건설해 나가는 지혜의 말투는 이런 것들이다. "그러게." "맞아." "그럴 수도 있어." "날씨가 엄청 덥지?" "저도 많이 어려워요." "나도 꼴찌 해봤어." "우리 병원 가보자." "나도 같이 고민해 볼게." 긍정과 공감은 서로 하나라는 공통점을 부각시킨다.

공통점 발견 방법

1. 상대의 말과 외모에서 공통점을 찾는다.

"저도 그 헤어스타일 좋아해요." "제가 무척 사랑하는 향을 뿌리셨네요." "나도 그 식당 자주 이용해." "맞아! 그 배우 연기 탁월하더라." "생각이 나랑 비슷하네." "그 표정 내가 좋아해."

2. 상대를 만나기 전 그의 SNS나 주변인에게 정보를 듣고 공통점이 있으면 만나서 말해준다.

"축구를 좋아하신다고 들었어요. 저는 매일 조기 축구 나갑니다."

"패션에 민감하시다고 들었어요. 전 요즘 패션 잡지책에 빠져 있어요.""듣던 대로 미남이네요. 저도 가꾸고 있습니다."

3. 대화할 때 차이점 두는 말투는 버리고 공통점 넘치는 말투를 사용한다.

 "네 말이 옳은 것 같아. 한번 시도해 봐야겠다.""선배님 가르쳐주신 것 잊지 않고 마음에 새기겠습니다.""네 맞아요. 그렇죠. 당연하죠.""그 말에 한 표 던지겠습니다."

사람은 자신이 태어나고 자란 고향으로 돌아갈 때 마음이 편안하고 왠지 모르게 뭉클해진다. 고향에 있는 사람들이 무척 반갑다. 누구나 고향에 가고 싶은 마음을 갖고 있다. 공통점 발견은 상대에게 고향을 만들어주는 것이다. 그를 만나면 반갑고 힘들 땐 돌아가 위안을 받고 싶다. 공통점은 덧셈, 차이점은 뺄셈이다. 뺄셈은 대상을 빼거나, 잃어버리거나, 가져가거나, 사라지게 한다. 차이점 두기는 상대의 존재를 뺄셈하여 거부하는 것이다.

인간은 귀하고 존중받아 마땅하다. 공통점 발견으로 상대를 받아들이고 존재를 인정하며 너와 나는 하나라는 고향을 만들어보자. 우연을 가장한 필연, 공통점으로 시작하자. 관계의 성공!! 공통점 발견!!

행복한 사람과 불행한 사람의
결정적인 차이는 말에 있다

"당신의 말이 곧 당신이다." - 프랭크 런츠

자유경제 시장에서는 돈을 행복의 척도라고들 한다. 그래서 많은 이들이 사회에서 치열한 경쟁을 한다. 또 다툼과 거짓말, 도둑질 심지어 살인까지 저지른다. 재산이 많은 게 기준이고 전부라고 다들 한목소리를 낸다. 하지만 그런 보이는 '유형의 재산'들은 삶의 전부가 될 수 없고 행복의 기준도 될 수 없다.

유형의 재산은 있다가도 없어지고, 자신보다 더 가진 사람들 때문에 불행을 느끼기도 한다. 반대로 무형의 재산을 축적하는 사람들은 늘 행복하다. 보이지 않지만 잃어버릴 염려도 없고 쌓으면 쌓을수록 더 크고 막강한 재산이 된다. 무형의 재산은 생각과 마음속으로 쌓는 것이다. 지식, 지혜, 기쁨, 감사, 희열 등이 무형의 재산이다.

생각과 마음의 작동은 '말'에서 시작된다. '말(언어)'이 형성되면

166

생각의 씨앗으로 바뀌고 그 씨앗이 마음 밭에 떨어져 감정을 일으킨다. 이렇게 형성된 무형의 재산들은 변동이 없다. 마음속 깊이 간직되어 있다. 무형의 재산을 만드는 생산 공장은 '말'이다. 어떤 말을 내뱉느냐에 따라서 행복의 씨앗, 불행의 씨앗을 형성한다.

긍정의 말은 행복의 씨앗을 만들어 마음 밭에 뿌리고, 부정의 말은 불행의 씨앗을 만들어 뿌린다. 현재의 상황이 어떠하든 내 속에서 행복하면 겉의 상황과 상관없이 행복하다. 생각과 마음이 행복해야 진짜 행복한 것이다. 그 행복은 '긍정의 말'에서부터 시작된다.

친한 학교 후배 진영이와 민수는 같은 날 같은 회사에 취직해서 나름 열심히 일하고 있다. 그 둘을 만나 대화하다 보면 행복과 불행의 차이가 다름 아니라 말에 있음을 느낀다.

**진영이의
부정적인
말투**

나: 요즘 회사 생활 어때? 만족해?

진영: 마지못해 다니고 있죠. 괜히 입사했나 봐요. 월급은 다른 데 비해 적고 일은 많고 잡일 많은 3D회사예요. 내 출중한 능력이 이 회사에 쓰인다니 참 슬프네요.

**민수의
긍정적인
말투**

나: 요즘 회사 생활 어때? 만족해?

민수: 하루하루 즐거운걸요. 모르는 것도 많이 배우고, 실력에 비해 월급을 많이 받는 것 같아요. 다들 힘들다고 하지만 그만큼 얻는 것도 많아요. 매일 감사하고 행복해요.

진영이는 매일 퇴근길에 술로 하루를 마무리하는 것이 스트레스를 푸는 방법이라 한다. 얼굴은 근심과 걱정으로 찌들어 있고 걸음걸이 또한 느릿느릿하다. 집에서 걸려오는 전화는 뒷전이고 항상 친구들을 불러내 이른 저녁부터 술과 함께 하소연을 해댄다. 내가 "이러려고 태어났냐?", "난 이렇게 살아갈 놈이 아니다", "집에 있는 마누라랑 자식은 큰 짐이다", "자동차가 나를 쳐주길 바란다" 등 온갖 부정적인 파장들을 말로 퍼트린다. 나는 "취직도 못 하고 육체가 병들고 정말 안타까운 사람들이 얼마나 많은데"라고 위로해 준다. 하지만 진영이는 그 순간 듣는 척만 할 뿐 지금도 여전히 불평불만을 입에 달고 산다. 요즘은 욕까지 늘었다.

민수의 생활은 아주 깔끔하다. 새벽에 일어나 세 시간 정도 기도와 독서에 몰입한다. 거기에서 오는 행복감은 이루 말할 수 없다고 한다. 회사에서 열심히 일하고 난 후에는 헬스장에서 체력을 단련한다. 가정에서는 훌륭한 아빠와 남편으로 집안의 청지기 역할을 한다. 회사에서는 모범 직원으로 뽑혀 없는 상까지 만들어서 받게 됐다. 회사 직원들은 민수의 밝은 인사와 목소리, 항상 웃는 얼굴을 매력 있게 본다. 민수의 말은 자신과 주변에 긍정의 파장을 일으킨다. "해보자", "반드시 성사시켜 보자", "괜찮아", "문제없어" 등 말에서 부정을 찾아보기 어렵다. 진영이와 민수가 느끼는 행복과 불행의 결정적 차이는 평소 사용하는 말에 있었던 것이다.

흔히들 가수는 자기의 노랫말처럼 삶이 흘러간다고 한다. 〈이별의 종착역〉〈떠나가 버렸네〉를 부른 김현식은 32세에 간경화로 세상을 떠났다. "가도 가도 끝이 없는 외로운 이 나그네길 안개 깊은 새벽 나는 떠나간다." "아무도 날 찾는 이 없는 외로운 이 산장에" "세상에 버림받고 사랑마저 물리친 몸 병들어"라고 〈산장의 여인〉을 부른 권혜경은 산장에 집을 짓고 암과 지병으로 고생하다 세상을 떠났다. 〈해 뜰 날〉을 부른 송대관은 고갯길에서 어렵게 살다가 1년 내내 1위를 하는 가수왕이 됐다. "꿈을 안고 왔단다. 내가 왔단다. 슬픔도 괴로움도 모두 모두 비켜라. 안 되는 일 없단다 노력하면은. 쨍하고 해 뜰 날 돌아온단다."

우울하거나 쓰라린 가사는 부정으로 이끌고, 기쁘거나 행복한 가사는 긍정으로 인도한다. 가사가 가수 자신의 감정이 되고 그 감정이 표출된 노래가 사랑을 받고 히트곡이 된다. 히트곡이 탄생하기까지 가사가 뼈에 박히도록 수천 번씩 노래를 부른다. 그렇게 애닳도록 부른 가사들은 생각과 마음을 지배하고 가사와 같은 삶을 살도록 유도한다.

그래서 어떤 가수들은 슬프고 우울한 노래를 부르고 나면 반드시 하는 작업이 있다. 각자 자기 신에게 기도하고 긍정의 확언을 외치며 찬송가나 불경을 틀어서 마음을 정화시킨다. 이런 것들이 자기 생각과 마음에 있는 부정의 말들을 없애는 의식이다. 불행의 말을 없애고 행복의 말들을 채우는 것이다.

실존주의 철학자 하이데거는 "언어는 존재의 집이다"라고 말했다. 내 존재의 집이 언어이다. 언어가 시키는 대로 이리 가고 저리 가는 게 인간이다. 언어의 명령 없이는 한 발짝도 움직일 수가 없다. 배우는 반드시 작가가 원하는 대본의 내용들을 숙지하고 대본대로 말하고 움직여야 한다. 대본에 어긋나는 행동들은 배우 생활의 종착역을 달리는 길이다.

인간의 삶은 말을 벗어날 수 없다. 깨우쳐주는 것도 말이고, 생각나게 하는 것도 말이다. 모든 경전은 언어를 통해 말한다. 옛적부터 지금까지 말(언어)이 발전하면서 시대도 같이 발전해 왔다. 행복을 원한다면 말을 바꿔야 한다. 긍정의 언어로 존재의 집을 리모델링하면 행복이 가득 찰 것이다.

2009년 한글날을 맞이하여 MBC에서 '실험다큐 말의 힘'이란 주제로 몇 가지 실험을 했다. 그중 눈에 띄는 한 실험이 있었다. 먼저 실험 참가자 20대 남녀 12명을 반으로 나눴다. A 그룹에는 노인을 연상시키는 단어 카드 '노후자금' '은퇴한' '황혼의' 등을 보여주었다. B 그룹에는 젊음을 연상시키는 단어 카드 '열정적인' '신입사원' '부지런한' 등을 보여주었다. 이후 이들의 걸음 속도와 자세를 관찰했는데 놀랍게도 두 그룹의 모습이 확연히 차이가 났다. 노인 관련 단어를 본 그룹은 방송국에 들어올 때 속도보다 2초 32를 늦게 걷고 지친 모습을 보였다. 반면 젊음 관련 단어를 본 그룹은 2초46을 빨리 걷고 힘찬 모습을 보였다. 말의 힘을 보여준 실험이다.

성경에는 긍정의 말로 행복해지고 부정의 말로 불행해진 사람들의 이야기가 많다. 그중 대표적인 이야기가 10명의 정탐꾼과 여호수아와 갈렙의 이야기다.

• 10명의 정탐꾼

"그들은 우리보다 강합니다. 그들은 거인이었습니다." "우리는 스스로 보기에도 메뚜기 같았고, 그들에게도 메뚜기 같아 보였을 것입니다."

• 여호수아와 갈렙

"우리는 올라가서 저 땅을 차지해야 합니다. 우리는 할 수 있습니다." "그 땅의 백성을 두려워하지 마십시오. 그들은 우리의 밥이나 마찬가지입니다."

12정탐꾼들 모두는 한 지파의 대표로 뽑힌 능력이 출중한 우두머리 인물들이다. 그 정도의 리더들이라면 하는 말 또한 달라야 했다. 하지만 10명의 정탐꾼들은 현실 앞에 부정적 말을 내뱉고 백성들에게 두려움을 심어줬다. "그들은 거인이다. 우리는 메뚜기다." 이들은 부정적인 말과 악평 때문에 재앙으로 죽게 된다. "저들은 우리의 밥이다"라고 긍정의 말을 한 여호수아와 갈렙은 아무 해도 입지 않았다. 그리고 들어갈 수 있다고 고백한 그대로 약속의 땅에 그들은 입성하게 된다.

부정적인 말은 자신은 물론 신과 우주에 나쁜 영향을 미친다. "너희 말이 내 귀에 들린 대로 내가 행하리니"(민14:28). 신은 우리 안에서 모든 말을 듣고 있다.

〈불행을 부르는 부정의 언어 vs 행복을 부르는 긍정의 언어〉

"할 수 없어." vs "할 수 있어."

"여기까지야, 포기할래." vs "조금만 견뎌보자."

"해도 해도 안 된다." vs "하다 보니 가능하다."

"힘이 없고 축 처지는 날이네." vs "활기찬 하루다."

"감사할 수가 없다." vs "감사하다."

"건강하면 뭐 해? 돈이 없는데." vs "건강해서 정말 다행이다."

"또 해야 해?" vs "또 해볼게요."

"넌 많이 틀려." vs "넌 조금 다른 면이 있구나."

"웃기고 있네." vs "아 그럴 수도 있겠다."

"어제 보고 오늘 또 보네?" vs "어제 보고 오늘도 봐서 반갑다."

"다 하는 것을 뭐." vs "정말 자랑스럽다."

"그걸 그렇게 어려워하냐?" vs "지금 많이 힘들지?"

"내가 잘못한 거야?" vs "미안해."

좋은 생각은 편안한 마음을 갖게 하고 긍정의 행동을 일으킨다. 긍정의 행동은 밝은 미래를 약속한다. 생각을 형성하는 것은 말(단어)이다. 없는 말로 생각할 수는 없다. 매일 어떤 말에 노출되느냐에 따라 생각이 이끌려간다. 긍정의 말은 긍정적 생각을 부정의 말은 부정적 생각을 낳는다.

행복은 돈, 친구, 가정, 좋은 집, 좋은 차, 좋은 직장에 있지 않다. 진정한 행복은 내 안의 생각과 마음이 기쁘고 건강해야 한다. 겉사람이 아닌 속사람이 행복한 것이 진짜 행복이다. 유형의 재산이 많아도 무형의 재산이 없다면 공허하고 허무할 뿐이다. 무형의 재산만이 죽어서도 영원히 가져갈 보물이다. 아무것도 없어도 지금 행복하라! 말을 바꿈으로써!!

"나의 언어의 한계는 나의 세계의 한계를 의미한다."
－비트겐슈타인

식사하며 대화할 때
설득이 쉬워진다

"결정의 90%는 감성에 근거한다. 그러므로 설득을 시도하려면 감성을 지배해야만 한다." - 리버만

대부분의 인간은 생각하는 대로 살지 않고 사는 대로 생각한다. 그것이 감성과 욕망을 따라 산다는 인간의 자연스러운 결과다. 머레이비언 법칙에서도 알 수 있듯, 사람은 말의 내용(이성)에서 7%의 영향만 받을 뿐이다. 나머지는 감성적인 것들로 목소리나 말투, 외모에서 93%의 영향을 받는다. 머리가 아닌 몸에 영향을 줄 때 인간은 움직인다. 이성보다는 감성과 욕망, 오감에 자극을 줘야 생각하고 반응한다. 독서보다 TV를 보는 것도 감성에 따르는 것이다. 무엇이든 재미있고 감동적이고 짜릿해야 끌린다. 세계가 하나인 지구촌 시대에 대부분의 지식들은 어느 곳이나 보편화되어 있다. 이성보다는 더욱 감성을 따라 사는 게 요즘 사람들이다.

누군가를 설득할 때는 감성을 만져야 한다. 어느 정도는 이성적으로 다가가야 하지만, 더 중요한 것은 감성을 자극하는 것이다. 감성을 건드리는 것 중 기본이 음식이다. 음식만큼 누구에게나 가장 빠르고 정확하게 감성을 자극하는 것도 드물다.

설득은 이성이 아닌 감성, 감성에 더 깊이 들어가 오감을 건드려야 한다. 오감을 만족시키려면 음식을 대접해야 한다. 사람들은 오감을 만족시켜 줄 때 마음을 쉽게 여는 경향이 있다. 음식 앞에 장사 없다. 함께 먹는 행위는 친밀감을 크게 형성한다. 설득을 식사로 시작하면 편하다.

오랜 친구 주호는 누가 봐도 '설득의 달인'이다. 그의 고객은 전국에 끝이 없을 정도다. 15년 가까이 ○○캐피탈회사에서 연봉 1~2위를 차지하는 주호의 영업 비법은 식사 대접이다. 고객이 영업을 체결하든 하지 않든 식사를 대접한다. 식사가 불편하면 맛있는 다과라도 잊지 않고 보낸다.

"고객님, 제가 그 동네에 약속이 있어서 갑니다. 점심때 식사 대접하고 싶은데 어떠세요? 이번에 상품 좋은 것들이 많이 나와서 소개도 해드릴 겸 꼭 뵙고 싶습니다." "사장님, 오늘 뵙는다고 좋은 레스토랑 예약해 놨습니다. 시간에 맞춰 뵙겠습니다." "다음번에 기회 되시면 저희 상품도 봐주세요. 작은 다과선물세트 보냈습니다. 맛있게 드세요."

주호는 식사 약속을 해서도 꼼꼼하게 고객의 입맛을 체크한다. "한식, 중식, 일식 중 어떤 음식이 좋을까요?" "못 드시는 음식이 있나요?" "와인은 조금 하시나요?" 등 상대의 기호에 맞춰서 음식을 대접한다. 고객들은 이런 주호의 배려에 호감을 느끼고 쉽게 설득된다. 주호의 이런 모습으로 친구들의 인맥 또한 상당히 두텁다. 주호가 친구들에게 늘 하는 말버릇은 "맛있는 데 가자. 내가 살게"이다.

주호의 식사 인맥은 본인의 결혼식 때부터 시작했다. 그가 잡은 예식장의 음식은 정말 형편없는 맛이었다. 하객들은 전부 "음식 때문에 잊지 못할 결혼식이다"라고 말했다. 그 충격으로 주호는 하객들을 한명 한명 만나 맛있는 음식을 대접하게 됐다.

그 발단으로 주호의 영업에도 해 뜰 날이 왔다. 오감을 자극하는 식사 자리가 사람들을 설득하고 호감을 줄 수 있다는 것을 깨달은 것이다. 회사에서 1~2년을 방황하다가 식사 영업으로 지금까지 빛을 보고 있다. 그의 SNS는 전부 맛집 사진들뿐이다. 주호네 아들 돌잔치 때는 모두 잊지 못할 음식들을 경험했다. 주호의 지인들은 전부 "이렇게 맛있는 돌잔치 음식은 처음이다"라고 칭찬까지 했다. 지금도 주호는 하루에도 몇 건의 계약을 체결한다. 계약을 할수록 더 많은 고객에게 식사를 대접한다. 또 지금은 과장으로 매주 회식을 주관해 팀을 이끌어간다. 회사 초년생 때는 회식을 힘들어했지만 그때마다 신기하게 성과가 빛났다고 고백한다.

러시아계 미국인 심리학자 그레고리 라즈란은 1940년에 음식이 설득에 미치는 영향에 관해 실험했다. 대학생들을 두 그룹으로 나누어 몇 가지 정치적 견해를 들려주었다. 이때 한 그룹에는 맛있는 음식을 제공하고 다른 한 그룹에는 아무것도 제공하지 않았다. 그 결과 음식을 제공받은 그룹의 학생들이 라즈란의 말을 더 호의적으로 들은 것이다.

25년 후 1965년 예일 대학의 심리학 교수 어빙 제니스도 비슷한 실험을 진행했다. 암 치료법과 미국 군사력에 관한 근거가 빈약하고 설득력 없는 평론을 읽게 했다. 이때 음식을 제공받은 그룹은 81%를 긍정했고, 아무 음식도 제공받지 못한 그룹은 65% 정도만 긍정했다. 두 실험은 음식이 설득의 무기라는 것을 밝혔다.

성경을 보면 예수의 설득과 기적들 대부분은 식탁에서 함께 먹을 때 일어났다. 가나의 혼인 잔치에서 물을 포도주로 바꾼 기적(요2:1~12), 죄인들과의 식사(마9:10~11), 빵 다섯 개와 물고기 두 마리로 오천 명을 먹인 기적(마14:13~21), 빵 일곱 개와 물고기 두 마리로 사천 명을 먹인 기적(마15:32~38), 자신을 생명의 빵이라 말하심(요6:35), 제자들과의 최후의 만찬(마26:20), 빵과 포도주로 자신을 기념하라 명하심(눅22:19~20), 부활하시고 제자들에게 나타나 같이 식사하심(요21:9~13)이 모두 식탁에서 일어났다.

예수는 자신을 하나님의 아들이라고 칭하며 복음을 전하고 거리를 활보했다. 이런 말에 사람들은 곱지 않은 시선을 보냈다. 하지만 가는 곳마다 기적을 행하고 내뱉는 말들이 예사롭지 않았다. 이일들로 많은 사람들이 예수를 이스라엘을 구원할 정치적 지도자라 믿고 따르게 되었다. 그렇지만 예수가 그 당시 비탄받는 세리와 창녀들, 죄인들, 장애인들과 식사하는 것들이 불편했다. 조선시대 양반과 상놈의 관계는, 예수가 활동하던 당시에도 똑같이 심했다. 왜 신의 아들이며 나라를 구원할 지도자가 한낱 상놈들과 식사하며 놀아나는지 이해 불가였다. 그 당시에는 그런 자들과 같이 식사하는 것은 상상할 수 없는 일이었다.

예수가 말씀을 전하고 기적만 행했다면 아무도 비난하지 않았을 것이다. 메시아가 소외된 자들, 보잘것없는 자들과 늘 식사했다는 것이 화근이었다. 죄인들의 친구가 되고 그들과 파티를 즐기는 모습이 지식인들의 분노를 산 것이다. 유대 사회 지도자들은 예수를 술에 빠져 살고 탐식하는 메시아로 인식했다. 하지만 예수는 억눌린 자들과 즐겁게 식사하며 그들을 하나의 가족 공동체로 만들었다.

가족을 '식구'라고도 한다. 식구는 음식 식(食)에 입 구(口)를 쓴다. 한 장소에서 입으로 같은 음식을 먹는 것이 가족이다. 다른 말로 '한솥밥 먹는 사이'이다. 결국 예수와 한 식탁에 있었던 자들이 예수를 증거했고, 예수를 위해 목숨까지 내던진 것이다.

'투자의 귀재' 워런 버핏은 식사의 힘을 깨우쳐주는 인물이다. 그와 식사하며 설득당하고 싶은 사업가, 투자자들이 세계 각지에서 줄을 서고 있다. 버핏은 해마다 자신과의 점심 식사 한 끼를 경매에 붙인다. 그중 최고 낙찰가로 당선된 사람을 점심 식사에 초대한다. 첫해 2만 5000달러(약 2천 700만 원)였던 낙찰가가 지금은 456만 7888달러(약 54억 152만 원)로 올랐다. 54억을 내고서라도 버핏에게 듣는 지혜의 말들이 하나도 아깝지 않은 것이다. 버핏에게 듣는 말들은 이런 것이다. "매사에 진실해야 한다", "싫은 것, 아니라고 말하는 것을 어려워하지 말고 거절을 잘해라", "무엇보다 좋아하는 것을 해야 한다" 등이다.

워런 버핏은 주식투자 이야기만 빼고 삶의 많은 경험의 지혜들을 답해준다고 한다. 버핏과 식사하는 대부분의 사람들은 한 끼에 몇십억을 쓸 수 있는 부자들이다. 이들은 각자가 삶의 지혜를 모르는 것도 아닌데 더 나은 조언을 얻으려고 식사에 동참한다. 버핏과의 식사 한 끼가 긍정의 파장과 지혜를 얻게 하고 자기 분야에서 큰 성장을 이루게 한다.

전 세계에 스타벅스 제국을 이룬 하워드 슐츠는 "매일 다른 사람과 점심 식사 하라"고 말한다. 종업원을 파트너로 부를 만큼 인간 중심의 경영을 펼친 하워드 슐츠의 성공 습관은 점심 식사다. 매일 새로운 사람들과 점심 식사를 하면서 지혜와 많은 아이디어를 얻곤 한다.

워런 버핏과 하워드 슐츠에게 배울 수 있는 것이 바로 '런천 테크닉(luncheon technique)'이다. 가벼운 점심 식사로 마음을 움직이는 방법이다. 설득하기 힘든 사람, 설득해 주고 싶은 사람, 설득에 목말라 있는 사람이 써야 할 기술이다. 런천 테크닉은 관계와 일을 좀 더 부드럽고 가능성 있게 열어주는 효과를 낸다. 식사는 서로의 모습이 공개되고 음식을 중점으로 관계를 여는 수용의 자리다. 함께 음식을 먹으면 상대에 대한 호감도가 상승한다. 뇌에 쾌감도가 올라가 상대를 적이 아닌 친구이자 가족으로 여기게 된다. 정치 협상 관계 등에 '식사'가 빠지지 않는 이유이다. 상대의 마음을 여는 길은, 배를 따뜻하게 채워주는 것부터 시작해야 한다.

다음은 국제매너아카데미 이문화경영연구소에서 밝힌 식사 중 대화 요령이다.

1. 식사 중 대화를 하면서 상대방의 식사 속도에 맞춰 천천히 먹는 것이 서양인들의 식습관이다.
2. 대화를 위해서 음식을 조금씩만 입에 넣어 먹는 것이 요령이다.
3. 식탁에서 주위 사람들과 자연스럽게 교양 있는 대화를 나누되 멀리 떨어져 앉은 사람과는 큰 소리로 이야기하지 않는다.
4. 식사 도중에 먼저 화제를 꺼내거나 상대방으로부터 질문을 받는 경우에는 손에 쥐고 있던 스푼 등을 잠시 내려놓은 후에 이야기하는 것이 좋다.

5. 비즈니스의 연속으로 식사 시간에 중요한 이야기가 오고 갈 경우에는 사전에 지배인에게 언질을 주어 방해를 받지 않도록 조치해 두는 것, 프로 비즈니스맨의 기본 아닐까?

6. 상대가 입 안에 음식을 넣었을 때는 말을 걸지 않으며 자신에게 말을 시켰을 때 입 안에 음식이 있으면 대답을 서둘러 하지 말고 음식을 삼킨 후 "Excuse me"라고 양해를 구하고 말한다.

식사에 참석해 준 사람에게 부드러운 말투로 분위기를 한층 높여본다. "○○ 씨와 꼭 오고 싶었어요." "이 음식이 ○○ 씨에게 원기 보충되면 좋겠다." "같이 식사해 줘서 고마워." "다음번에도 같이 식사하면 기쁠 것 같아."

반대로 초대받은 사람은 식사를 마련해 준 사람에게 고마움을 표시하자. "이런 귀한 자리에 저를 생각해 주시고 초대해 주셔서 감사합니다." "꼭 먹고 싶었던 음식이야." "다음번에는 내가 자리를 마련할 테니 꼭 참석해."

『리더를 위한 한자 인문학』의 저자 김성회 작가는 "박사보다는 밥사가, 석사보다는 식사가 효과적이다"라고 말한다. 석박사의 이성적인 설득보다 "밥 살게" "식사하자"의 감성 터치의 설득으로 다가서자.

> "상식과 지식보다는 밥을 먹는 행위인 회식이 더 큰 힘을 발휘하기도 한다."
> ─이기주

좋은 대화는
마음가짐에서 나온다

대화할 때 내 이익만 생각하지 말고 상대의 이익을 생각해야 한다

"어리석은 사람은 여전히 자기 이익에만 매달리고, 지혜로운 사람은 남의 이익에 헌신한다." – 산티데바라

우리는 이익을 얻기 위해 움직이고 이익에 의해 지배받는다. 곧 이익에 의해 얽히고설킨 것이 세상이다. 편의점의 1+1, 카페나 백화점의 쿠폰, 물류업체의 빠른 배송 등은 모두 이익 발생이 목적이다. 이익이 없다면 더 나은 서비스를 실행할 이유가 없다. 우리가 상대의 이익을 채워줬을 때 상대는 이익을 돌려준다. 이익이 없다면 개인이니 회사, 기업, 사회는 움직이지 않는다. 그렇다면 상대와 내가 서로 이익을 발생시킬 수 있는 방법은 무엇일까? 바로 을의 자세로 상대의 이익을 먼저 생각하는 것이다.

대화를 할 때도 마찬가지다. 어떻게 하면 상대에게 이득이 가는 말을 할지가 중요하다. 말을 할 때마다 상대에게 손해나는 말만 내

뱉는다면 좋은 관계가 유지될 수 없다. 말끝마다 "해도 안 될 거야", "그렇게 살지 마", "희망이 안 보여" 등은 전혀 이익이 없는 말이다. 이익이 없는 곳에 관계도 없다. 우리는 손해만 입히는 사람에게서 떠나고 싶다. 오랫동안 함께하고 싶은 관계, 차원이 다른 관계는 상대에게 이익을 주는 대화에서 시작한다.

"~하면 너에게 좋은 기회가 올 거야." "아직은 시작이지만 네 열정의 가능성을 보았어." "네 밝은 모습은 항상 우리에게 희망과 용기를 줘."

이익이 가득한 말이 상대를 존중하고 관계의 질을 향상시켜 주는 무기다.

우리가 잘 알고 있는 세계의 성인들은 자신의 종교를 영업하러 오지 않았다. 천국이나 정토, 극락세계만을 주장하지 않았다. 그들이 공통적으로 주장한 사상은 이 땅에서의 '황금률(黃金律)'이다.

"남에게 대접받고자 하는 대로 너희도 남에게 대접하라." - 성경
"나를 위하는 만큼 남을 위하지 않는 자는 신앙인이 아니다." - 쿠란
"네가 싫어하는 것은 남에게도 하지 말라." - 탈무드
"내게 고통스러운 것을 타인에게 강요하지 말라." - 힌두교
"강한 그들은 나와 같고 나도 그들과 같다고 생각하여, 생물을 죽여서는 안 된다. 또한 남들로 하여금 죽이게 해서도 안 된다." - 불교
"내가 원하지 않는 바를 남에게 행하지 말라." - 유교

185

황금률은 모든 종교와 철학에서 핵심적으로 말하는 황금의 법칙이다. 자신의 이익만 챙기지 말고 남의 이익도 챙기라는 말이다. 황금률을 축약하면 '상대의 이익을 생각하라'는 말이 된다. 인간은 예전이나 지금이나 상대의 이익보다 자기의 이익을 더 우선시한다. '여측이심(如廁二心)'이란, 화장실 들어갈 때와 나올 때가 다르다는 뜻이다. 자신의 이득을 위해서는 물불 안 가리다 이득을 얻고 나면 마음이 돌변하는 게 인간이다. 현인들은 일찍부터 이런 인간의 이기적인 모습을 알고 남의 이익, 즉 '황금률'을 외쳤다. 각자가 자신의 이익만 챙기다 보면 세상은 혼란에 빠진다. 이 땅을 천국, 정토, 극락세계로 바꾸는 것은 '황금률' 실천에 있다.

나는 여덟 살 조카와 함께 게임을 할 때면 이기는 척하다가 마지막쯤에 패자가 되어준다.

조카: 삼촌, 공 너무 못 차는 거 아니야? 발도 왜 이렇게 느려? 내가 계속 골인하잖아.
나: 우리 율이가 너무 빨라서 쫓아갈 수가 없어. 천천히 좀 가. 공이 안 보여.
조카: 나 축구도 잘하지? 축구 선수도 해볼까? 삼촌 이기면 다 이긴 거잖아.
나: 율아가 못 하는 게 뭐야? 삼촌은 율아가 못 하는 걸 본 적이 없어. 율아는 뭐든 다 잘해.

조카: 삼촌이랑 놀면 정말 재미있고 신나. 내 실력이 더 높아지는 것 같아.

나: 율아가 더 잘하니까 삼촌도 기뻐. 율아한테 많이 배우고 있어. 늘 고마워.

나는 게임에서 이길 수 있지만 조카의 이익을 위해서 항상 져준다. 조카의 기쁨이 곧 나의 기쁨이고 이익이기 때문이다. 황금률의 핵심은 상생과 협력 win-win에 있다. 나 혼자의 이익이 아닌 함께 얻는 이익을 말한다. '지는 게 이기는 것'이란 말이 있듯, 상대의 이익을 위해서라면 당장의 내 이익을 포기해야 한다. 지금 남에게 이익을 주지만 언젠가 반드시 내게로 돌아온다. 그것이 법칙이다. 조카에게 단순히 몇 게임을 져주고 이득을 주었지만 조카는 나를 가장 많이 사랑한다. 이것이 서로에게 이익을 주고, 함께 이기는 win-win 게임이다.

미국 하버드 대학 마이클 포터 교수가 한국에서 열린 제10회 세계지식포럼에 참석했다. 그는 남을 죽여 내가 이기는 경쟁시대는 끝났다고 말한다. 또 기업이 차별화된 제품과 서비스를 제공하여 산업 전체가 성장해야 한다고 강조했다. 그러면서 그는 모두 승자가 되는 게임을 포지티브섬 게임(positive-sum game)이라 했다. 포지티브섬 게임은 '너 살고 나 살고' '너 있고 나 있고'의 긍정 게임이다. 포커스가 서로에게 맞춰져 있고 상대의 이익을 위해 게임한

187

다. 상대의 부족한 부분을 채워주고 넘어졌다면 일으켜 세워주는 상생의 게임이다. 이 외에 버려야 할 너 죽고 나 죽고의 '네거티브 섬 게임' 너 죽고 나 살고의 '제로섬 게임'이 있다.

심리학자 다니엘 카너먼과 행동경제학자 아모스 트버스키는 공동 실험에 참여했다. '신종 전염병에 맞서고 있는데 방치하면 600명이 목숨을 잃게 된다'고 가정했다. 이에 대처하기 위해 전략을 마련했고, 어느 방법이 좋은지 사람들에게 선택하게 했다.

A: 200명을 살릴 수 있다.
B: 아무도 살릴 수 없는 확률이 2/3, 600명을 모두 살릴 수 있는 확률이 1/3이다.
C: 400명이 죽을 것이다.
D: 아무도 죽지 않을 확률이 1/3이다.

모두 같은 내용이지만 사람들은 A와 D를 선택했다. 이유는, 어떤 관점으로 말했는지에 따라 좋은 쪽으로 생각이 기운 것이다. 이 것을 '프레이밍 효과(framing effect)'라고 한다.

대화할 때 긍정적이고 이익이 가득한 프레이밍으로 말하게 되면 호감을 갖고 수용하게 된다.

이익을 주는 옷가게 사장님	사장님: 어서 오세요. 옷 재질 만져보시고 입어도 보세요. 원하시는 사이즈 전부 있습니다. 나: 이 색깔 이쁘네요. 100사이즈 있나요? 사장님: 물론이죠. 그거 오늘 구매하시면 하나 더 드릴게요.
아무 이익 없는 옷가게 사장님	사장님: 부탁입니다. 사실 거 아니시면 만지지 말아주세요. 눈으로 보고 말해주세요. 아, 그리고 참고로 저희 가게는 할인 안 합니다. 나: (참 불친절하네. 두 번 다시 안 온다.)

얼마 전 백화점에서 겪었던 일이다. 옷을 구매했던 가게는 물어보지도 않았는데 이것저것 상세하고 친절하게 설명해 줬다. 또 옷하나를 덤으로 준 것이다. 너무나 기분이 좋았던 나는 평소 맘에 든 다른 옷들까지 구매했다. 사장님의 이익을 주는 말투가 내 마음을 즐겁게 하여 굳게 닫혀 있던 지갑까지 열린 것이다.

같은 장소에 있던 다른 옷가게는 정반대의 분위기였다. 사장님의 얼굴과 말투에서부터 상대에 대한 배려와 이익은 찾아보기 어려웠다. 맘에 드는 옷들이 많았지만 오히려 이 가게에서 옷을 사면 찜찜하고 손해 볼 것 같았다. 옷가게는 갈수록 넘쳐나고 경쟁자들이 많아질 텐데 무슨 배짱인지 참 놀라울 뿐이었다.

오래전 TV를 시청할 때 홈쇼핑 방송을 통해 많은 제품을 구매했다. 채널을 돌리다가 열정 있고 신뢰 있는 모습의 쇼호스트들의 상품 설명에 채널을 멈췄다. 필요하지도 않던 제품인데도 유독 눈길이 갔다. 이유는 간단했다. 그 제품을 샀을 때 삶에 어떤 이익을 얻게 되는지 쇼호스트가 친절하게 설명해 주기 때문이다.

그 쇼호스트 가운데 분당 4,200만 원을 판매한 판매의 신화 '김효석 박사'가 있다. 대전에서 그분 강의에 참석한 적이 있는데 그때 'OBM(Open: 마음을 연다, Believe: 믿음을 준다, Move: 행동하게 한다) 설득 미케팅' 공식을 접했다. 특별히 '믿음을 준다'는 부분에 귀가 열렸는데, 믿음을 주려면 '이익을 제시'하라는 귀한 내용이었다.

이익 화법

- 나 요즘 기분 좋은 일 있는데 말해줄까?(X)
  - ▶ 너 요즘 기분 좋은 일 있어? 듣고 싶다.(O)
- 아래층에서 왔습니다. 층간소음이 너무 심하네요. 매일 짜증 나요. 제발 조용히 해주세요.(X)
  - ▶ 안녕하세요. 아래층에서 왔어요. 혹시나 저희 집에서 층간소음이 있으면 말씀해 주세요.(O)
- 니링 디니기 부끄럽다. 얼굴 좀 고쳐라. 화장도 좀 하고, 어떻게 그 얼굴로 다녀?(X)
  - ▶ 요즘 예쁜 사람들 대부분 의학의 힘을 빌렸대. 넌 눈만 살짝 바꾸면 정말 예쁠 것 같아.(O)
- 설거지 좀 해라. 엄마가 이 집안에서 니들 종이냐? 허리가 끊어질 듯 아프다.(X)

▶아들~ 설거지 좀 해줄래? 엄마 허리가 많이 아프네. 설거지하고 놀이동산 가자.(O)

사람이든 동물이든 어느 회사나 단체든 쉽게 움직일 수 있는 힘과 동기는 '이익'이다. 내 이익보단 남의 이익을 중요시할 때 어디서나 필요하고 존중받는 사람으로 대접받는다.

중국 전국시대의 정치사상가 한비는 말했다. "수레를 만드는 장인은 사람들이 모두 부자가 됐으면 하고, 관을 만드는 장인은 사람들이 모두 일찍 죽기를 바란다." 수레장인이 착해서가 아니고, 관 짜는 장인이 악해서가 아니다. 부자가 많아지면 수레가 많이 팔리고, 죽은 사람이 많아지면 관이 많이 팔리기 때문이다.

모두 자기 이익에 산다. 악어는 먹이를 주고, 악어새는 이빨 청소를 해주는 그런 공동의 이익관계가 필요하다. 낮추면 높아진다. 섬기는 자가 왕이다.

"네가 있음에 내가 있고 내가 있음에 네가 있다."
– 조용필,〈여와 남〉

191

겸손하게 말할 때는
언제나 피드백이 좋다

"겸손하게 의견을 말하면 상대는 곧 납득을 하고 반대하는 사람도 줄어든다." - 벤저민 프랭클린

인생은 피드백의 연속이다. 우리는 가정과 직장에서 또는 친구들과 지인들에게 끊임없이 영향을 받는다. 이때 많은 피드백이 귓가에 들리기 시작한다. "~처럼 해보면 좋을 듯해." "기획안 이렇게 한번 작성해 보세요." "여보, 우리 존댓말로 신뢰를 쌓아가 보면 어떨까요?"

피드백은 상대의 이익과 개선 또 더 성장된 모습을 위해 존재한다. 피드백은 '먹이를 주다'와 '돌아가다'의 합성어로, 영양분을 공급받아 돌아가 성장하라는 뜻이다. 겸손한 자에게는 피드백이 넘쳐난다. 교만한 사람은 피드백에 노출되지 않는다.

주변을 살펴보면 겸손한 자들에게 피드백이 주어지고 더욱 성장하는 모습을 본다. 이것이 우주의 법칙이다. 교만한 자는 심판의

기로에 겸손한 자들은 복의 기로에 서 있다. 내게 해를 주는 사람보다 이익을 주고 따뜻함을 주는 사람에게 좋은 것 하나라도 더 주고 싶다. 또 겸손한 자가 잘되길 기원한다. 겸손과 온유는 닮아 있다. 사나운 야생마가 주인에게 쓰임받기 위해 잘 길들여질 때 온유라 한다. 단순히 부드럽고 약한 게 아니다. 깎고 깎여서 절제되어 있고 힘을 통제할 능력을 갖고 있다.

겸손한 자는 절제 있고 부드럽고 강하다. 겸손은 많은 피드백을 통해 완성된 것이다. 겸손은 말로 드러난다. 피드백을 얻고 싶다면 먼저 겸손의 언어부터 시작하자.

지인 중에 네트워크마케팅 사업을 하는 분이 둘 있다. 한 분은 늘 겸손한 언어로 다가오고, 또 한 분은 교만한 언어로 다가온다. 당연히 나는 겸손한 분에게 제품을 구매한다.

겸손한 지인

지인: 재성 씨, 항상 신중하고 옳은 선택만 하시는 거 알아요. 저희 회사 칫솔 한번 써보시고 피드백 좀 주실 수 있나요? 평가받고 싶어요. 칫솔은 이미 택배로 보내드렸어요.

나: ○○님 회사 제품은 늘 좋은 것 같아요. ○○님 때문에요. 잘 써보겠습니다.

교만한 지인

지인: 재성 씨. 요즘 어때? 이번엔 정말 좋은 아이템이 있어. 전에 있던 ○○회사 사업 접고, 더 좋은 ○○회사로 옮겼어. 같이 성공해 볼래? 제품과 수익 구조가 놀라워. 제품 먼저 한번 써봐. 나 도와주면 복이 넘칠걸.

나: 네. 성공하세요. 응원할게요.

겸손한 지인은 한 회사에서 네트워크사업을 지속해 왔다. 그를 신뢰하는 이유는 오랫동안 한곳에 머물렀다는 것도 있지만, 그의 겸손함 때문이다. 신제품이 출시되면 본인 돈을 들여 나에게 선물한다. 제품이 좋은지 나쁜지 항상 피드백을 달라고 겸손히 부탁한다. 제품도 좋지만 겸손으로 인해 그 제품까지도 더욱 돋보인다. 우린 서로 시간이 맞을 때면 만나서 차도 마시고 좋은 피드백도 서로 주고받는다. 이분은 얼마 전 회사의 최고직급에 올랐다. 그럼에도 교만하지 않고 지금까지 겸손함으로 한 사람 한 사람 맞이해 주고 있다. 반면 교만한 지인은 되는 일이 없다. 그 교만함 때문에 좋은 회사와 제품까지 모두 욕을 얻어먹는 실정이다.

지금 시대는 어떤 사업이든 영업이든 최고의 상품을 들고 시장에 나오는 것은 기본이다. 거기에 사람을 상대하는 자세까지 좋아야 한다. 아니 좋은 것을 넘어 완벽에 가깝게 훌륭해야 한다. 겸손함은 기본이다. 그래야 무엇이든 살아남을 수 있다.

성경은 "교만은 패망의 선봉이요 거만한 마음은 넘어짐의 앞잡이니라(잠16:18)"라고 말한다. 교만은 망하는 지름길이다. 그 어떤 누구도 교만한 자가 하는 일을 반기는 사람은 없다. 다들 멀리 피할 뿐이다. 교만한 자가 잘되든 안 되든 관심이 없다. "자기 목구멍을 위해 일하는 거겠지"라며 상대하지 않는다. 교만한 지인이 하루빨리 깨닫기 바란다. 교만함이 점점 목을 조여오고 있다는 것을 말이다.

100달러 지폐의 인물 '벤저민 프랭클린'은 미국인이 가장 존경하는 사람이다. 미국 건국의 아버지로서 그의 활동은 기록하기 힘들 정도로 무수하게 많다. 그는 정치가, 외교관, 발명가, 과학자, 사상가, 저술가, 사회사업가였다. 또 펜실베이니아 대학교와 병원을 세웠고 우체국과 도서관, 소방서, 화재보험회사를 만들었다. 이 외에도 수많은 업적을 남겼는데 이 모든 힘에는 그의 '겸손함'이 밑바탕이 되어 있었다.

어느 날 문지방에 머리를 부딪쳤을 때 옆에 있던 어른이 이런 말을 했다. "지금 교훈 하나를 얻은 걸세. 앞으로 세상을 살아갈 때 머리를 자주 숙이게. 자네에게 많은 도움이 될 걸세." 이 말이 평생 겸손의 자세를 유지하게 한 것이다.

몇 해 전 광화문 교보빌딩에 붙어 있는 이준관 시인의 시 「구부러진 길」을 감명 깊게 보았다.

나는 구부러진 길이 좋다.
구부러진 길을 가면
나비의 밥그릇 같은 민들레를 만날 수 있고
감자를 심는 사람을 만날 수 있다.
날이 저물면 울타리 너머로 밥 먹으라고 부르는
어머니의 목소리도 들을 수 있다.
......

그 구부러진 길처럼 살아온 사람이 나는 또한 좋다.
반듯한 길 쉽게 살아온 사람보다
흙투성이 감자처럼 울퉁불퉁 살아온 사람의
구불구불 구부러진 삶이 좋다.
구부러진 주름살에 가족을 품고 이웃을 품고 가는
구부러진 길 같은 사람이 좋다.

딱딱하고 교만한 사람이 아닌, 구부러지고 때론 숙일 줄 아는 겸손한 사람이 좋은 사람이 아닐까?

미국 호프 대학의 심리학 교수 '데릴 반 통게렌'은 겸손과 로맨틱한 관계에 대한 실험을 했다. 먼저 자신의 특징적인 부분을 프로필로 작성하고 이성에게 보여주었다. 그리고 자신이 가진 최고의 자랑할 점들을 소개했다. 마지막으로 이성 친구와 다툰 후 어떻게 화해하는지에 대한 것까지도 설문조사를 실시했다. 결과는 세 가지 모든 실험에서 겸손한 사람들의 평가가 높게 나왔다. 특징적인 부분과 자랑한 점들을 겸손히 표현한 사람이 이성에게 매력 있는 사람으로 다가왔다. 또 다툰 후 겸손하게 화해한 사람일수록 관계 회복을 더 빨리 한 것이다.

해마다 기업 회장들의 보기 민망한 수준의 갑질 사건들이 끊임없이 일어나고 있다. 기업 회장뿐만 아니라 회사 CEO, 연예인, 일반인 등 어디서나 갑질 사건들이 넘쳐나고 있다. 얼마 전 생을 마감한 경비원 고(故) 최희석 씨도 입주민의 갑질로 인해 자살을 선택했다. 폭언과 폭행이 난무한 직장에서 갑질 없는 세상을 꿈꾸며 견디고 살아오셨기에 더 안타깝다.

지금 이런 갑질 사태와 앞으로도 있을 갑질들은 모두 겸손의 부재로 일어난다. 그래서 갑질은 악취가 심하다. 갑질은 전부 교만, 오만, 거만에서 나오는 악취일 뿐이다. 추락하는 것에는 날개가 없다. 높이 올라갈수록 겸손을 갖춰야 한다. 사람들은 겸손한 사람을 좋아한다. 겸손한 사람은 적이 없다. 자신을 보호해 주고 귀하게 만들어주는 것은 다름 아닌 '겸손'이다.

스코틀랜드 작가 제임스 M. 베리는 "인생이란 겸손을 배우는 긴 여정이다. 겸손은 자신을 낮추는 것이 아니라 자신을 세우는 것이다. 진정으로 용기 있는 사람만이 겸손할 수 있다"고 말했다. 벼는 익을수록 고개를 숙인다. 강하고 용기 있는 자가 숙이는 것이다. 진짜 겸손한 사람은 드러내지 않는다. 상대방을 높이고 귀하게 여긴다. 힘 있는 자가 한없이 겸손할 수 있다.

『나는 남편에게 아파트를 선물했다』의 저자 이진화 작가는 실력과 겸손을 갖춘 부자다. 1억으로 4년 만에 50억을 만든 인물이자 반찬가게에서 아르바이트를 하는 부자다. 늘 손님들에게 웃음과 다정한 언행으로 따뜻함을 주고 있는데 그녀의 힘은 겸손에서 찾아볼 수 있다.

리치(Leech)의 공손원리(politeness principle)

● 겸양의 격률: 자신에 대한 칭찬 최소화, 자신에 대한 비난 최대화

  A: 너 이번 학기 성적 좋다고 소문났어.

  B: 아니야, 머리가 나빠서 매일 예습·복습한 것뿐이야.

● 동의의 격률: 상대방과 불일치하는 표현은 최소화, 상대방과 일치하는 표현은 최대화

  A: 오늘 산책 갈까?

  B: 코로나 2단계로 높였잖아.

  A: 아 맞다. 이 시국에 산책은 현명하지 않지.

● 칭찬의 격률: 다른 사람에 대한 비난 표현 최소화, 다른 사람에 대한 칭찬 최대화

  A: 김치찌개 어때? 맛있어?

  B: 너 셰프 자격증 땄어? 이렇게 맛있는 김치찌개는 처음이다.

● 관용의 격률: 자신에게 혜택을 주는 표현 최소화, 자신에게 부담을 주는 표현 최대화

  A: 어제 말한 대로 결정하자.

  B: 정말 미안해. 요즘 이해력이 부족해서. 다시 말해줄래?

● 요령의 격률: 상대방에게 부담이 되는 표현 최소화, 상대방에

게 이익이 되는 표현 최대화

A: 오늘 많이 바쁘지? 전화통화 잠깐 가능해? 의논할 게 있어서.

B: 응. 당연하지.

미국 경영학의 아버지 피터 드러커는 말했다. "성장과 관련해서 역사상 알려진 유일하고도 확실한 학습 방법은 피드백이다." 성장하는 사람에게는 반드시 피드백이 뒤따른다. 피드백은 평범한 사람을 탁월한 사람으로 탈바꿈시킨다. 이 중요한 피드백은 아무에게나 붙지 않는다. 오직 겸손한 사람의 뒤를 따라다닌다. 또 겸손이 몸에 익은 것은 많은 피드백에 노출된 결과이다. 겸손할 때 피드백이 오고, 피드백을 자주 접하면 더욱 겸손한 인물로 성장한다. 월드스타 손흥민은 누가 봐도 겸손하다. 그의 겸손함 때문에 많은 피드백이 주어진다. 또 그 피드백이 손흥민을 더욱 겸손하고 강하게 한다. 겸손하라! 그 겸손이 그대를 높여주고 강하게 하리라!

"겸손한 사람보다 힘이 강한 사람은 없다.
겸손한 사람은 자기 자신을 떠나서 신과 함께하는 사람이다."
-톨스토이

상대방의 눈높이에
맞는 대화를 해야 한다

"제가 마지막으로 한 건, 남들과 달리 뒤로 좀 더 누워보고, 엉덩이
를 더 높이 들어서 시도해 보는 거였죠." - 포스베리

육상종목 중 높이뛰기에서 혁명을 일으킨 '배면뛰기' 방식이 있
다. 이는 정석으로 여겨진 '가위뛰기'와 '엎드려뛰기'가 아닌 배가
하늘로 향하여 뛰는 방식이다. 배면뛰기는 공중에서 몸을 눕는 자
세로 신체 한계보다 10cm가량 더 높이 날 수 있다.

이 위대한 발상은 1968년 멕시코 올림픽 높이뛰기 금메달리스
트 '딕 포스베리'에게서 나왔다. 남들과 똑같은 방식으로는 도저히
기록을 낼 수 없었기에 늘 새로운 방식을 찾다 발견한 것이다. 마
침내 배면뛰기로 신기록을 달성하고, 이 방식이 전 세계 높이뛰기
의 정석이 되었다.

높이뛰기에 혁명을 가져온 포스베리는, 높이뛰기의 눈높이를 높

여 세계를 깜짝 놀라게 했다. 포스베리가 기존의 눈높이에서 머물렀다면 아무 일도 일어나지 않았을 것이다. 우스꽝스러운 자세라고 비웃음도 당했지만, 수준 높은 그의 생각과 행동이 기적을 낳은 것이다.

어떤 사물을 파악하거나 인식할 때의 수준을 '눈높이'라고 한다. 수준을 의도하여 낮추거나 높일 때 눈높이가 같게 된다. 눈높이를 맞추는 것은 엄청 중요하다. 눈높이가 같은 것은 상대의 참모습을 보는 것이고 상대를 인정하는 것이다. 눈높이를 맞추는 것은 서로에게 유익을 주는 일인 것이다. 눈높이 대화가 삶에 혁명을 일으킨다.

눈높이를 맞추기 전까지 상대를 이해하는 것은 불가능하다. 나는 장애를 가진 부모님을 다 안다고 생각했지만 전혀 몰랐다. 누구나 그렇지만 나 역시 부모의 마음을 아프게 했던 불효자다.

나: 엄마! 왜 맨날 부정적이고 안 좋은 생각만 가지고 사세요! 생각을 좀 바꿔요.

엄마: 아들아! 엄마 몸이 이러니 생각을 곧게 하는 게 힘들구나. 미안하다. 불쌍히 여겨줘.

나: 아빠! 남한테 그렇게 의지해야겠어요? 자존심도 없어요? 스스로 해결 안 돼요?

아빠: 아들아! 이해 좀 해줘라. 아빠 몸 때문에 사람들 도움 없이 일을 할 수가 없구나.

나: 내 부모님들이지만, 정말 답답하네요. 몸 때문에 그렇다는 핑

계 좀 그만 대라고요.

한 가정에 장애를 가진 사람이 한 명만 있어도 온 신경이 쓰이고 마음이 착잡하고 우울하다. 내 어머니 아버지 두 분은 장애를 가지셨다. 그런 장애 때문에 여러 번 부당한 일을 경험했다.

어느 날 억울해하는 부모님의 모습을 보면서 너무 화가 난 나머지 그만 격분하고 말았다. "정신 차려라", "바른 생가 해라", "뭐가 부끄럽냐", "힘이 안 생기냐" 등 격한 말을 쏟아냈다. 흥분한 탓에 계단에서 넘어졌고, 팔과 다리를 크게 다쳐 깁스를 하게 됐다. 그렇게 온전치 못한 몸으로 몇 개월을 지내면서 부모님의 생각과 상황을 이해하게 되었다. 몸이 안 따라주자 일반인처럼 생각과 행동을 할 수 없었다. 남들 앞에 서기가 매우 부끄러울 정도였다.

이 일을 계기로 부모님에게 눈높이를 저절로 맞추게 되었다. 이제 부모님이 힘들어하실 때면 "이유가 있으셔서 그러실 거야"라고 생각하며 말로 위로해드린다. "반드시 좋은 일들이 넘쳐나실 거예요. 항상 엄마 아빠에게 감사해요. 낳아주신 것만도 감사해요." 이런 말들로 부모님과 대화의 주파수를 맞출 때면 서로에게 기쁨이 가득해진다. 부모님에게 많은 것들을 못 해줘도 이런 눈높이 맞는 대화로 진심 어린 따뜻함을 전하고 있다.

상대를 관찰하면 눈높이가 보인다. 눈높이를 맞출 때 관계의 문이 열린다. 청산유수 같은 말일지라도 상대의 눈높이에 맞지 않다면 허공 속의 메아리다. 로마에서는 로마법을 따르듯, 관계에서는 눈높이 법칙을 따라야 한다.

스포츠 방송계의 전설, 축구 중계의 송해 '송재익 캐스터'의 중계는 쉽고 재밌다. 월드컵 지역 예선전 일본전에서 좋은 센터링을 보고 "아! 마치 며느리 시아버지께 밥상 들여가듯 말이죠. 잘 넣어 줬군요"라고 한다. 또 황당한 센터링을 보고는 "와! 마치 외딴 백사장에 혼자 처박힌 빈 콜라병 같군요……" 같은 식이다. 중요 선수가 빠지고 경기를 치를 때는 "마치 장기에서 차, 포 떼고 상, 졸만 가지고 하는 것과 다를 바가 없지요"라고 한다. 경기가 느려졌을 때는 "우리가 가스 불을 줄일 필요는 없어요. 끓일 때는 펄펄 끓여야 해요", 이탈리아의 빗장 수비를 빗대어서 "이탈리아 오늘 대문을 다 잠갔는지 몰라도 쪽문이 다 열렸어요", 상대편 선수가 공을 안 뺏기려고 무릎에 끼워놓자 "아! 마치 아랫목에 엉덩이 깔고 앉아 있는 듯한 자세군요"처럼 표현한다.

그는 누구나 알아들을 수 있는 눈높이 중계의 대가이다. 시청자들은 그의 해설을 들으면 속이 시원하다. 현역 최고령으로 얼마 전 50년 만에 은퇴 중계 방송을 치렀다. 지금까지도 송재익 캐스터를 따라올 만한 인물이 드물 정도로 캐스터계의 신이다. 그의 중계 때문에 축구를 볼 정도로 시청자들에게 알아듣기 쉬운 용어로 방송에 몰입하게 한다.

축구 연맹에 따르면 축구 중계 방송 평균 접속자 수는 7,000명 대라고 말한다. 반면 송재익 캐스터의 중계 방송 시 접속자 수는 10,000명대를 기록한다고 한다. 이것이 눈높이의 힘이다. 많은 사람들이 아직도 그의 축구 중계를 그리워하고 있다. 그는 말한다. "축구도 중계도 팬들의 눈높이에 맞게 해야 한다. 뽀로로처럼 재밌게."

'이해하다'를 영어로 'Understand'라고 쓴다. 'Under'는 '아래'를 뜻하고, 'Stand'는 '서다'를 뜻한다. 곧 '이해한다는 것'은 '아래에 서는 것'을 말한다. 나만의 우뚝 선 눈높이에서 보는 것이 아닌, 나를 내려놓고 상대의 눈높이에서 보는 것이다. 철벽처럼 쌓아놓은 철옹성에서 내려와야 상대를 이해하게 된다. 이해하면 눈높이를 맞추게 되고, 눈높이를 맞추면 이해하게 된다.

송재익 캐스터는 한국에서 프로축구는 프로야구보다 시청률이 낮다는 것을 먼저 이해했다. 그 계기로 눈높이를 맞춘 중계 방송을 시청자들에게 선사한 것이다. 그의 중계에 시청자가 몰리듯, 우리의 명확하고 이해하기 쉬운 말에 사람들이 몰려온다. 눈높이가 관계의 힘이다.

미국 시카고 대학 리처드 세일러와 하버드 대학 캐스 선스타인 교수는 『넛지』의 공동 저자다. 이들은 사람들로 하여금 좋은 행동을 유도하기 위해 넛지를 사용해야 한다고 강조한다. 넛지는 특정 방향으로 부드럽게 유도하는 것을 말하는데, 이는 간접적인 개입을 말한다. 직접 개입이 내 눈높이를 강요하는 것이라면, 간접 개입은 상대의 눈높이에 맞춰 행동을 유도한다. 이때 중요한 역할을 하는 사람이 '선택 설계자'이다. 넛지를 제공하는 자로 눈높이를 맞춰주는 역할을 한다.

넛지를 이용한 유명한 실험이 있다. 스키폴 공항 남성 소변기에 파리를 그려 넣었다. 그 결과 밖으로 튀는 소변 양을 80%나 감소시킨 것이다. 눈높이를 맞출 때 좋은 행동을 유도한다는 실험이었다.

눈높이는 상대를 이해하는 것이고 내 언어가 상대에게 들리게 하는 것이다. 또한 눈높이는 상대의 언어로 말하는 것이다.

노인: 얼음 잔뜩 넣어서 시원하고 맛있게 커피 한 잔 타줘요.

카페 점원: 혹시 어떤 커피를 원하세요? 에스프레소, 아메리카노, 카푸치노 등이 있습니다.

노인: 그냥 알아서 시원하게 타줘요. 뭘 그걸 꼭 말해야 하나? 답답한 양반이네.

카페 점원: 손님, 그래도 커피 종류가 많아서요. 제가 무작정 드릴 수는 없어요.

노인: 결정도 못 하고 무슨 장사를 한다고 그래! 안 마시면 그만이지. 두 번 다시 오나 봐라!

재작년 찜통더위 속에 수분을 보충하기 위해 한 카페에 들어갔다. 주문하기 위해 줄을 섰는데, 그때 앞에 있던 한 노인 분과 점원이 주고받는 대화를 듣게 되었다. 그분은 무작정 시원한 커피를 달라고 주문했고, 점원은 그럴 수 없다며 메뉴를 고르라 했다. 화가 난 노인은 몇 마디 던지며 문을 박차고 나갔다. 그리고 내 주문 차례가 오자 점원이 알고 있는 메뉴의 이름을 또박또박 부르며 주문했다. "고생하시죠? 저는 아이스 카라멜 마끼아또 라지 사이즈로 한 잔 주세요." 그때 점원은 내게 "메뉴를 정확히 말해줘서 고맙다"고 인사하고 쿠키 하나를 서비스로 주었다. 그저 메뉴판에 쓰여 있는 글씨 하나를 읽은 것뿐인데.

소크라테스는 "목수와 이야기를 나누려면 목수의 언어로 이야기하라"고 말했다. 목수 앞에서는 목수의 말을, 상인 앞에서는 상인의 말을, 법조인 앞에서는 법조인의 말을 써야 한다. 이것이 눈높이를 맞춘 대화다. 곤충은 곤충, 동물은 동물의 말이 있다. 사람들 세계에도 무수한 말들이 있다. 직업에 따라 사는 지역과 문화에 따라 장사하는 가게의 특성마다 모두 언어가 다르다.

상대가 에스프레소 아메리카노를 갖고 있는데 "시원하고 맛있는 것"을 달라는 것은 실례다. 라디오에는 주파수가 있다. 원하는 주파수에 맞춰야 클래식이든 국악이든 원하는 방송이 나온다. 눈높이의 합이 맞아야 '배면뛰기'와 '넛지'의 기적도 일어난다.

눈높이 대화법

● 아빠 오늘 『마법 천자문』 책 사주세요.

▶그래, 아빠가 퇴근할 때 『마법 천자문』책 사올게.

● 여보, 세탁 세제 하나 사다 줘.

▶당신이 좋아하는 세제로 하나 사오면 되지?

● 배추가 금값이라 할인이 어려워요.

▶맞아요. 배추가 금값이라고 방송에서 봤어요. 알겠어요.

● 오늘 절에서 어땠어요?

▶참배할 때 몸과 마음이 뜨거워졌고, 자비의 말씀이 좋았습니다.

● 말씀에 은혜 받으셨어요?

▶네, 목사님. '하나님의 넘치는 사랑'에 대해 은혜 받았습니다.

20세기 성경 번역에 큰 공헌을 한 사람이 있다. 바로 위클리프 번역 선교회의 설립자 캐머런 타운센드(Cameron Townsend)이다. 그는 어느 날 칵키퀄 원주민에게 선교하다 우연히 한 인디언에게 이런 말을 들었다. "당신네 신이 그렇게 똑똑하다면서 우리말도 모릅니까?" 이 말에 도전받은 타운센드는 10년 동안 노력한 끝에 1929년에 칵키퀄어 신약성경을 완성했다. 그는 말한다. "가장 훌륭한 선교사는 원주민의 언어로 쓰인 성경이다." 성경을 보면 바벨탑에서 잃었던 것을 마가의 다락방에서 되찾은 것이 있다. 바로 '언어'다. 신은 저주도 축복도 언어로 주셨다. 언어는 신의 도구다. 이 귀한 도구로 눈높이를 맞추자. 눈높이는 사랑의 혁명이다!!

"설교가 20분을 넘어가면 죄인도 구원받기를 포기해 버린다"
-마크 트웨인

그 사람의 이름만 불러도
뜻밖의 기회가 찾아온다

"내가 그의 이름을 불러 주었을 때 그는 나에게로 와서 꽃이 되었다." - 김춘수

인간은 다른 생물체와 다르게 태어나서 가장 먼저 받는 선물이 하나 있다. 그것은 바로 '이름'이다. 이름은 한 사람의 존재감을 증명해 주고, 호칭을 넘어 영혼이 깃든 그릇이라 할 수 있다. 어떤 이름이든 귀하지 않은 이름은 세상에 단 하나도 없다. 남녀노소 빈부귀천을 떠나 인간의 이름은 귀하게 불려야 하고 알려져야 한다.

이름을 부른다는 것은 상대방의 존재 자체를 깨워주고 부르는 것이다. 한낱 잡초에 지나지 않던 것이 이름을 부름으로 내게로 와서 의미 있는 꽃이 된다. 이름을 부르면 관계없는 사람이 특별한 관계로 다가오는 뜻밖의 기회가 찾아온다.

가전제품을 사러 갈 때나 레스토랑에 갈 때 나는 명찰을 찬 직원

들의 이름과 직책을 유심히 본다. 그리고 얼마 후 반드시 물어보고 해야 할 말이 있을 경우 이름과 직책을 붙여 부른다.

나: ○○ 매니저님! 이 노트북 성능을 알고 싶습니다. 설명해 주실 수 있나요?

매니저: 네, 고객님. 이 노트북뿐만 아니라, 다른 노트북 성능까지 비교 설명해 드리겠습니다.

나: ○○ 셰프님! 오늘 요리들이 일품입니다. 정말 맛있네요. 음식으로 치료받은 것 같아요.

셰프: 고객님이 이렇게 칭찬해 주시니 몸 둘 바를 모르겠습니다. 앉아 계시면 서비스 드릴게요.

매장에 자주 오고 매출을 많이 올려주는 고객을 VIP 고객이라고 한다. 그보다 한층 높은 VVIP 고객은 이름을 불러줌으로써 직원을 소중하고 존재 있게 여겨주는 고객이다. VIP 고객은 어느 매장이나 넘쳐난다. 그런 고객들일수록 갑질로 인해 진상 고객으로 변하는 경우가 허다하다.

자주 방문하고 매출을 올려주는 동시에 상처까지 곁들여 준다면 VIP 고객에 지나지 않는다. 단 한 번 방문했더라도 이름을 불러주고 존중해 주고 존재감까지 높여주는 고객이 VVIP 고객이다. 그 누구라 할지라도 내 이름을 불러주면 호감이 간다. 그 앞에 겸손해진다. 최대한 실수를 줄이고 싶어진다. 잘해주고 싶다. 좋은 관계를 맺고 싶다. 서로에게 신뢰 있는 관계, 존중하는 관계가 되는 것은 이름 부르기에서 출발한다.

오래전 초중고 수련회에서 수백 명을 상대로 설교한 적이 있다. 그때 설교에 집중하지 못하고 떠드는 친구들을 단숨에 제압한 무기가 있었다. 바로 명찰에 달린 이름 부르기다. "멋진 영철아! 오늘 말씀에 집중해 볼까?" "예쁜 소영아! 맑은 눈으로 설교 듣는 모습이 참 예쁘다." "애들아 조용히 해줄래"보단, 따뜻하게 이름을 부를 때 아이들이 바른 자세로 집중하는 모습을 보여줬다.

이름을 부르기 전에는 무의미한 존재지만, 이름을 부를 때 의미 있는 존재로 바뀐다. 의미 있는 존재는 함부로 행동하지 않는다. 익명성 댓글에 욕이 난무한 것도 이름이 없기 때문이다.

생각만 해도 따뜻한 친구 현승이와, 보기만 해도 차가운 친구 지훈이가 있다.

따뜻한 친구 현승이

현승: 재성아, 요즘 잘 지내고 있어? 서로 바빠서 연락을 못 하네. 재성이 보고 싶다.

재성: 현승아, 내가 먼저 연락을 했어야 했는데, 나도 많이 보고 싶다.

현승: 재성이의 마사지가 늘 생각난다.

지훈: 얌마, 요즘 뭐 하냐? 내가 연락이 없으면 네가 먼저 해야 하는 거 아니냐?

재성: 그래. 연락 못 해서 미안해. 잘 지내?

지훈: 너! 요즘 ○○ 화장품 들어봤어? 내가 그 사업하는데 꼭 좀 보자. 언제 시간 돼?

친구 현승이는 만나서 헤어질 때까지 내 이름을 자주 불러준다. 나 또한 덩달아 현승이의 이름을 자주 불러준다. 우린 만나면 부정적인 이야기, 남을 비방하는 이야기를 전혀 하지 않는다. 아니 그런 이야기가 나오질 않는다. 이름을 부르며 서로를 존중해 주는 덕분인지는 모르지만, 긍정적이고 사랑 가득한 말만 꺼낸다. 때론 서로를 위해주고 아픈 부분은 보듬어주는 둘도 없는 친구다. 서로 연락이 뜸할 때도 그 친구만 생각하면 마음이 따뜻하고 기분이 좋아진다. 반면 지훈이는 만나면 부담이 많아지는 친구다. 내 이름 석 자는 어디 가고 늘 "얌마" "이 자식아" "이 새×야"로 통한다. 지훈이 앞에서 나는 늘 무의미하고 아무 존재감이 없는 느낌이다.

마음을 부르지 못하는 이유는, 이름을 부르지 못하기 때문이다. 이름만 불렀다면 마음까지도 불러낼 수 있다. 이름 부르기는 관계 속에서 너와 나의 존재를 인식시켜 주는 것이기에 너무나도 중요하다.

이름은 한 사람의 존재 자체를 증명한다. 국내 트랜스젠더 연예인 1호 '하리수'는 존재가 바뀔 때마다 이름이 바뀌었다. 남자였을 때 '이경엽', 여자로 살고 싶었을 때 '이경은', 여자가 되었을 때 '하리수'로 바뀌었다. 이름이 개인의 존재를 나타내기에 예전 남자 이름으로는 지금의 활동을 할 수 없다.

애니메이션 〈센과 치히로의 행방불명〉에서 치히로는 이름을 빼앗기고 다른 정체성을 갖는다. 자신을 잃어버렸다. 이름은 의미를 부여하는 존재 그 자체이다.

인산인해를 이룬 시끌벅적한 칵테일 파티장에서 사람은 관심 분야에만 반응한다. 음악 소리와 주변의 잡음이 많아도 자기가 원하는 소리는 귀에 꽂힌다. 런던 대학의 인지 심리학자 콜린 체리 박사는 이것을 '칵테일 파티 효과'라고 명했다. 여러 소리 중에 선택적 지각을 통해 듣고 싶은 소리만 듣게 되는 현상을 말한다. 버스나 지하철에서 졸다가도 하차할 역의 안내방송은 기막히게 잘 들린다.

인간은 자기에게 의미 있는 것만 선택하여 받아들인다. 아무리 시끄러운 곳에서도 자신의 이름이 불리면 곧바로 반응한다. 상대에게 호감을 얻는 법은 간단하다. 따뜻하게 이름을 불러주는 것이다.

미국에서 최고의 부를 이룬 철강왕 앤드루 카네기는 이름 부르기로 성공의 가도를 달린 인물이다. 그는 이름 부르기를 통해 사람들의 마음을 불러내어 큰 사업을 이루어냈다.

카네기의 이름에 관한 애착은 어릴 적부터 시작했다. 열 살 때 집에서 키운 토끼가 새끼들을 낳자 먹이가 부족했다. 그때 동네 아이들에게 "토끼풀을 많이 뜯어오면 너의 이름을 토끼에게 붙여주겠다"고 약속하곤 했다. 또 신문을 돌릴 때는 마을 사람들의 이름을 모두 기억해 만날 때마다 이름을 부르며 인사했다. 철강 사업을 시작해 재벌이 될 때까지도 끊임없이 직원들의 이름을 따뜻하게 불러주었다. 그의 회사가 단 한 번의 파업이 없었던 것도 이름 부르기 덕분이다.

카네기의 소통과 신뢰의 비법은 따뜻하고 명확하게 상대의 이름을 자주 불러준 것이다. 이름을 불러주면 사람들은 자신의 존재를 인정받고 개성까지 존중받는 느낌을 받는다. 그렇게 대우받은 사람들이 하나둘씩 모여 카네기의 성공에 힘을 실어준 것이다.

인간은 세상에서 자기 자신을 가장 중요하게 여긴다. 자신이 가장 중요하기에, 상대가 이름을 불러주고 귀하게 여길 때 이미 포용의 마음을 갖게 된다.

앤드루 카네기와 동시대를 살았던 인간관계론의 대가 데일 카네기도 이름의 중요성을 강조했다. 그는 자신의 책『카네기의 인간관계 포커스』에서 "상대방의 이름을 부르는 소리는 세상 그 어떤 것보다 듣기 좋은 소리라는 걸 기억하라"라고 말한다.

앤드루 카네기, 데일 카네기가 이름 부르기로 성공했다면 이름을 듣고 성공한 이가 있다. 바로 성경에 나오는 세리 '삭개오'다. 그는 유대인들에게 세금을 거둬다가 로마 당국에 바치는 일을 했던 미움받는 털이었다.

키 작고 왕따까지 당했던 삭개오는 늘 외로웠고 삶이 바뀌길 원했다. 그러던 차에 소문으로 듣고 만나고 싶었던 예수가 동네로 오신다는 얘기를 들었다. 키 작은 삭개오는 예수를 자세히 보고 싶었기에 힘들 때 자주 올라갔던 뽕나무 위로 올라갔다. 그때 그동안 그 누구도 불러주지 않았던 이름을 예수가 불러주었다. "삭개오야, 속히 내려오라." 이름 불러준 예수를 통해 삭개오의 삶은 180도 바뀌어 이름 뜻대로 '순수'한 삶을 살게 됐다.

처음 만났을 때 이름 대화법

1. 처음 만났을 때 이름을 말하고 인사한다.
   "안녕하세요. ○○○ 라고 합니다."

2. 상대방의 이름을 다시 한번 물어본다.
   "실례지만 성함을 다시 한번 말씀해 주시겠어요."

3. 대화를 이어갈 때 중간중간 이름을 넣으며 대화한다.
   "○○ 씨, 대화가 참 편합니다."

4. 이름의 한자 뜻을 물어보고 얼굴과 매치시킨다.

"혹시 이름의 한자 뜻이 무엇인가요?"

5. 다음번 만남에서 이름을 부르며 인사한다.

"○○ 씨, 안녕하세요. 또 만나서 반가워요."

이름만 불러도 뜻밖의 기회가 찾아온다. 소통이 오고, 관계가 오고, 기쁨이 오고, 행복이 오고, 사랑이 오고, 감사가 오고, 성공이 온다. 이름은 그 사람을 대표하기에 이름을 부른다는 것은 존재 자체를 부르는 것이다. 한 사람의 인생을 부르는 것이다. 이름은 자신의 정체성이고 태어날 때부터 받은 가장 귀한 선물이다. 그래서 뜻깊은 장소에 가면 제일 먼저 자신의 이름을 새긴다.

이름을 불러준다는 것은 상대가 가장 귀하게 여기는 것을 나도 귀하게 여기고 있다는 뜻이다. 성경은 "내 이름으로 무엇이든지 내게 구하면 내가 행하리라"라고 말한다. 누구의 이름이든 힘이 있다. 능력이 있다. 권세가 있다. 기적이 있다. 이름을 부르자. 이루어진다!

"더 수줍은 말로 더 따스한 말로 내 이름 부르면
다 보여줄 텐데 나는 말할 텐데 같이 걸을 텐데 끝이 어디라도"
- 정세운, 〈내 이름을 부르면〉

때로는 솔직함을 버리고
선의의 거짓말을 하는 것이 좋다

"호의에서 나오는 거짓말은 불화를 일으키는 진실보다 낫다." - 사디

　누구나 솔직한 사람을 좋아한다. 솔직한 사람과 관계 맺기를 원한다. 계속 무언가를 감추는 사람은 가까이 지내고 싶지 않다. 감추지 않고 솔직한 사람에게 인간적인 향이 나고 따뜻함을 느낀다. 다만 무작정 제멋대로 솔직한 것은 따뜻함을 넘어 화를 불러온다.

　'솔직하다'의 사전적 의미는 "거짓이나 숨김이 없이 바르고 곧다"다. 좋은 의미다. 하지만 모든 것이 솔직해지면 자신과 상대의 야점까지 드러낼 수 있다. 또 너무 곧다는 것은 쉽게 부러질 수도 있다는 뜻이다. 상황에 맞지 않는 솔직함, 그것은 미성숙한 것이고 상대를 아프게 하는 나쁜 솔직함이다.

　그래서 때론 누군가에게 희망과 용기를 주는 좋은 거짓말, 즉 선의의 거짓말이 필요하다. 상대에게 상처 주고 관계를 악화시키는

어설픈 솔직함보다는 선의의 거짓말이 훨씬 더 훌륭하다. 간혹 어떤 이들은 거짓말은 모두 나쁘다고 말한다. 자기는 한 번도 거짓말을 해본 적이 없다고 한다.

세계적 심리학자 폴 에크먼은 인간은 8분에 한 번, 하루에 200번 정도 거짓말을 한다고 밝혔다. 거짓말에는 남을 해치는 까만 거짓말, 뻔뻔한 새빨간 거짓말, 남을 돕는 하얀 거짓말이 있다. 이런 거짓말에서 누구도 자유로울 수 없다. 자유롭지 못하면 즐겨야 한다. 나쁘고 뻔뻔한 거짓말보다는, 상대를 돕는 하얀 선의의 거짓말로 날개 없는 천사가 되는 것도 좋다.

초등학교 시절 마음씨 예쁘고 똑똑한 옆자리 짝꿍을 난 유난히 좋아했고 뭐든 다 해주고 싶었다. 어느 날 그 친구가 실수로 선생님께 혼날 때 나는 거짓말로 천사가 되어주었다.

선생님: 얘들아! 누가 선생님 책에 우유를 쏟았니? 어서 나오지 못해!

아이들: 선생님, 진아가 우유 먹고 장난치다 흘렸어요. 확실해요. 진아가 그랬어요.

선생님: 진아가 그랬니? 어디 감히 선생님 책에 우유를 쏟아! 뒤에 가서 손 들고 서 있어!

나: 선생님! 진아가 그러지 않았어요. 제가 기침하다 쏟았어요. 진짜예요.

선생님: 재성이 진짜 네가 쏟았어? 거짓말이면 선생님한테 혼난다. 나가서 손 들고 있어!

어린 나이였지만 남을 위해 대신 벌받는 게 그렇게 뿌듯할 수 없었다. 황홀함에 가득 찬 나는 친구들의 야유 속에 웃으면서 벌을 받았다. 어느 영화에서 본 거짓말로 대신 벌받는 장면을 따라 한 것인데 마치 내가 주인공이 된 듯했다. 어린 나이지만 남을 도우려면 거짓말도 불사하겠다는 각오가 넘쳐났다.

친구들은 솔직했다. 우유를 쏟은 것은 진아였다. 하지만 그 솔직함으로 짝꿍 진아가 눈물 흘리는 모습을 차마 볼 수 없었다. 거짓말이 얼마나 강했는지 그 사건 이후로 친구들은 아직도 나를 범인으로 착각하고 있다. 어떤 윤리의 잣대로 판단한다면 할 말이 없지만 누군가에게 기쁨이 된다면 또다시 그런 선의의 거짓말쯤은 할수 있다.

스티븐 스필버그의 명작 〈쉰들러 리스트〉는 유대인 학살을 다룬 영화다. 나치 독일군이 유대인들을 지구 상에서 멸종시키려 할 때 쉰들러라는 천사 같은 사람이 나타난다. 영화는 전부 흑백으로 상영되지만 쉰들러로 인해 보는 내내 흑백의 색깔을 잊게 된다. 그것은 쉰들러의 '하얀 거짓말' 때문이다.

그는 이유 없이 죽임당하는 유대인들을 보며 언제부턴가 양심의 소리를 듣는다. 그리고 나치를 속이고 천여 명의 유대인을 고향으로 보내기 위해 리스트를 작성한다. 자칫하면 자신이 목숨을 잃을 수 있음에도 유대인들을 살리기 위해 거짓말을 한 것이다. 영화 막바지에는 쉰들러의 심정이 드러난다. "이 배지로 두 명은 더 구할 수 있었어."

솔직하지만 나쁜 말	"네 머리가 나쁘니까 전도사님 불렀어." "이번에 책 좀 읽어서 뇌 좀 바꿔라." "마사지 잘 받아서 저질 몸에서 탈출하자." "몸이 엉망이니 얼굴도 그 모양이지."
선의의 거짓말	"머리는 똑똑한데 그동안 멘토가 없었어." "독서까지 잘하면 이젠 천재가 되겠네." "마사지 받으니 연예인 뺨치는 몸이 됐어." "몸 좋아지니 얼굴에서 광채가 난다."

6개월 동안 중학생 자녀를 둔 몇 가정에 마사지 케어와 독서 지도를 해주러 다녔다. 육체와 정신까지 케어해 준다는 소문으로 많은 가정을 방문하게 됐다. 그때 부모들의 말투는 다양했다.

솔직하지만 나쁜 말은 옆 사람까지 민망하게 만든다. 선의의 거짓말은 당사자는 물론 주변 사람까지 따뜻함을 느끼게 한다. 솔직하게 말을 하더라도 자녀들이 상처받고 얼음처럼 마음이 굳게 되면 멈춰야 한다.

중학생이 되면 대부분 혼란스러움을 경험하는데 그것을 '중2병'이라 한다. 중2병은 사춘기의 자연스러운 과정이지만 유독 심하게 겪는 친구들이 있다. 반드시 부모의 영향 때문이다. 사춘기는 신체와 정신이 발달하는 혼란스러운 과도기이다. 이때 부모가 소통의 끈을 놓아버리면 엇나가는 것은 당연하다. 흙을 잘 빚어 보석 같은 도자기를 만들듯, 하얀 거짓말이라도 써서 보석으로 만들어야 한다. 하나밖에 없는 귀한 자식이라면 무엇인들 못하겠는가?

몸 건강하고 독서를 잘 따라오는 학생들의 부모의 말은 한마디 한마디가 쿠션처럼 편하다. 소파에 그냥 앉을 때보다 쿠션을 허리에 받쳐 앉으면 더욱 편안하고 따뜻하다. 이처럼 부모가 쿠션처럼 편안한 말을 할 때 아이들의 몸과 정신에 좋은 영향력을 행사한다. 하얀 거짓말은 일종의 '쿠션 언어'에 속한다.

선의의 거짓말은 아주 간단하다. 상대의 기쁨을 위해 솔직함을 반대로 표현하면 된다. "잘하고 있어", "더 예뻐 보여", "괜찮아, 충분해", "너만 보면 없던 희망이 생겨", "이 어려운 걸 어떻게 해냈어?" SNS에 좋아요를 누르듯이, 그저 괜찮다고 또 너무 좋다고 해주는 것이다. 선의의 거짓말은 누군가를 살려주는 백신과 같은 역할을 한다.

미국 하버드 의대 리사 이에조니 교수팀은 의사 1,891명을 대상으로 한 설문조사 내용을 분석했다. 그 결과 전체 응답자 중 55%

이상이 "환자의 예후를 실제보다 긍정적으로 설명한다"고 말했다. 환자를 화나게 하거나 희망을 꺾고 싶지 않다는 것이다. 반면 여성이나 발언권이 낮은 사회적 소수자에 속하는 의사들은 백인 남성 의사보다 환자에게 솔직한 경향이 두드러졌다.

연구팀은 이들이 사회적으로 억압된 만큼 의사로서의 행동 표준을 더 엄격하게 지키려고 한다고 분석했다. 이에조니 교수는 "때로는 거짓말이 환자에게 희망을 줄 수 있으므로, 선의의 거짓말을 하는 의사들의 경우 반드시 부정직하다고 생각하지 않는다"고 말했다.

출처: 〈메디칼업저버〉

한국 멜로의 획을 그은 영화 〈클래식〉의 거짓말 장면은 아직도 생생하다.

준하: 피아노 치는 소녀네. 저걸 보면 주희가 피아노 칠 때 생각이 나. 주희 모습하고 닮았어.

주희: 나 지금 어때 보여?

준하: 건강해 보여. 근데 좀 더 밝은 모습이 보고 싶어.

주희: 나 지금 울고 있어! 눈물 안 보여? 그걸 왜 숨겼어? 앞을 못 본다는 거.

준하: 미안해. 거의 완벽했는데. 해낼 수 있었는데. 어젯밤에 미리 와서 연습 많이 했었거든.

주희: 거의 속을 뻔했어. 정말 잘했어. 정말 속을 뻔했어.

준하는 주희를 사랑하지만 그녀에게 이미 정략결혼 상대자가 있어 사랑을 포기하고 군에 입대한다. 얼마 후 월남전에 파병되어 전쟁터에 놓이게 된다. 멀쩡히 고국으로 돌아올 수 있었지만 주희에게 받은 목걸이를 지키려다 실명하게 된다. 몇 년이란 시간이 흐르고 둘은 한 레스토랑에서 다시 만나게 된다. 준하는 전날 실명한 눈을 주희가 보면 슬퍼할 줄 알기에 들키지 않으려 동선을 미리 연습했다. 하지만 결국 준하가 실명한 것을 눈치챈 주희는 크게 오열한다. 영화의 명장면은 여기 있었다. 준하의 거짓 연기가 들통 났지만 그 거짓말로 인해 영화의 감동이 한층 더 높아졌다. 이렇듯 선의의 거짓말은 상대로 하여금 큰 감동을 불러일으킨다.

우리의 삶과 영화나 드라마, 책 등에도 선의의 거짓말이 등장해 우리에게 감동을 준다. 『레 미제라블』에서 은그릇을 훔쳐 달아나다 잡힌 장 발장에게 미리엘 주교는 "나는 당신에게 은촛대도 주었는데 왜 당신에게 준 그릇이랑 함께 가져가지 않았느냐?"고 한다. 〈인생은 아름다워〉에서 유대인 수용소에 끌려온 조슈아에게 아빠 귀도는 말한다. "이건 게임이야. 우린 전부 선수야. 1,000점을 먼저 따는 사람이 탱크를 타는 거야."

크리스마스이브 날 엄마가 아이들에게 "말 잘 들어야 산타할아버지 오셔"나 먹을 것이 없던 시절 아이들에게 "너희들 먹어. 엄마는 배가 부르다" 같은 선의의 거짓말은 감동 그 자체다. 이것이 없다면 우리의 인생은 삭막할 것이다.

선의의 거짓말 방법

- 얼굴 표정이 좋지 않은 사람에게

  "얼굴이 왜 그 모양이냐?"(X)

  "얼굴이 요즘 편안해 보인다. 예전하고 조금 달라졌어."(O)

- 다이어트가 잘되지 않는 사람에게

  "운동하면 뭐 해? 먹는 걸 못 줄이는데."(X)

  "전보다 살이 빠지고 있는 게 보인다. 노력하나 봐."(O)

- 일에 실패한 사람에게

  "네가 그렇지 뭐. 하는 일마다 왜 그러냐?"(X)

  "운이 없었을 뿐이야. 더 큰 운이 올 거야."(O)

- 사고 나서 병원에 입원한 사람에게

  "왜 그렇게 조심성이 없냐? 이제 좀 깨달았어?"(X)

  "많이 안 다쳤어? 어쩔 수 없는 사고였어."(O)

오 헨리의 소설 『마지막 잎새』에서 존시는 폐렴으로 죽음을 눈앞에 두고 있다. 창밖에 보이는 잎새가 모두 떨어지면 자신도 잎새처럼 죽음을 맞이한다고 믿는다. 그때 아래층에 사는 화가 베어먼이 담벼락에 떨어지지 않는 잎새 하나를 그려서 존시를 살렸다. 걸작 하나 없던 베어먼은 잎새를 그리고 얼마 후 죽었지만 그 마지막 잎새가 걸작이 된 것이다. 존시는 마지막 잎새로 살아났고, 베어먼은 마지막 잎새로 걸작을 낳았다. 그 잎새는 선의의 거짓말이다. 진짜가 아닌 가짜다. 거짓말이다. 하지만 잎새로 사람을 살렸다. 선의의 거짓말은 사람을 살리는 마지막 잎새다. 양치기 소년처럼 떠들지 말고, 베어먼처럼 조용히 잎새 하나를 그려보자.

"거짓말은 인간에게
의약(醫藥)으로써만 사용되어야 한다."

-플라톤

함께 이기는 대화를 해야 한다

남의 험담을 하고 살면
가장 큰 피해는 내가 본다

"위대한 정신을 가진 사람들은 생각을 논한다. 평범한 사람들은 사건을 논한다. 마음이 좁은 사람들은 사람을 논한다." - 루스벨트

남의 흠을 들추어 헐뜯는 것을 '험담'이라고 한다. 소위 '뒷담화'라고 말하는데, 앞에서는 말하지 못하고 뒤에서 신나게 헐뜯는 상태를 말한다. 험담하는 사람은 늘 뒤에서 머뭇거리고 뒤에서 따라오는 2인자 아니 3류급 인생이다. 마음이 좁고 약하다. 자기 관점에서 조금이라도 벗어나면 곧바로 사람들을 집합시켜 뒷담화를 시작한다. "쟤는 이렇고 저렇고." "얘는 이러쿵저러쿵." 험담자의 속마음에 아직 해결되지 않은 상처가 큰 덩어리로 남아 있다. 분노, 열등감, 낮은 자존감 등이 사라져야 험담 또한 멈추게 된다.

진짜일 수 있지만 진리가 없는 험담은 세 사람에게 동시에 영향을 준다. 유대 주석서 『미드라쉬』는 험담은 험담하는 자, 험담 들

는 자, 험담 대상자 이렇게 세 사람을 죽인다고 말한다. 그중 특별히 크게 다치는 사람은 험담하는 사람이다. 험담을 듣는 자와 험담의 대상자는 험담을 듣고 버리든지 발판을 삼으면 그만이다.

험담을 하고 들을수록 부정의 기운이 감돌고, 시야가 편협해지고, 사람들은 곁을 떠난다. 험담하는 자는 마치 똥파리와 같다. 남이 싸놓은 배설물(실수, 약함)만 찾아다니고, 이 사람 저 사람에게 묻히고 다닌다. 결국 일생의 마지막 무렵에는 매서운 파리채가 기다리고 있다.

험담 하면 당연히 가장 먼저 떠오르는 분이 있다. 한 동네 살던 몸 불편한 숙희 아주머니다.

지숙: 숙희야! 우리 남편 이번에 승진했어. 네가 기도해 준 덕분이야. 정말 고마워.

숙희: 그거 봐! 기도하면 다 된다니까. 그리고 네 남편의 실력이 워낙 뛰어난 건 사실이잖아.

사람들: (지숙이 없을 때) 숙희야! 지숙이가 너 때문에 남편 승진했다고 고마워하더라.

숙희: 당연하지! 내가 얼마나 신경 써서 기도해 줬는데. 그 남편 좀 어리석고 무능한 건 다들 알잖아. 신이 안 도와주면 누가 도와주냐? 내가 그렇게 신경 써줬는데, 선물 하나 없더라. 흥!!

숙희 아주머니의 이중적인 모습이 안타까울 뿐이다. 어머니와 친해서 늘 집에 오셔서 많은 대화를 나누셨다. 그 대화를 듣고 있으면 절반 이상이 옆집 가정들을 험담하는 내용이었다. 몸이 불편하셔서 늘 안타깝게 생각하고 있었는데 험담하는 것을 들으면 옆집에 가기가 싫었다. 지금은 세상을 떠나셨지만 살아 있을 때 앞에서는 친절하지만 뒤돌아서면 차갑게 돌변하셨다. 그분의 별명은 '천사'와 '사탄'의 앞 글자를 합친 '천사'였다. 함께할 때는 칭찬과 격려로 천사의 모습을 한다. 하지만 함께하지 않을 때는 약점을 들추고 사실을 부풀려 사탄처럼 험담을 늘어놓는다. 그분을 볼 때면 '인간이 저렇게 이중적이어도 되나'라는 생각이 들었다.

숙희 아주머니는 여느 날과 똑같이 사람들과 남을 험담하고 있을 때 머리를 잡고 쓰러졌다. 그 즉시 사망하셨는데 사인은 스트레스로 인한 뇌출혈이었다. 내 생각엔 그분이 이중적인 모습을 유지하려다가 스트레스가 과해진 것 같다. 신앙생활을 하면서 사람들에게 따뜻한 모습을 보이셨고 동시에 험담으로 얼룩진 인생을 사셨다. 이웃들은 그분의 죽음에 누구도 슬퍼하지 않았다. 그분의 험담으로 많은 분란과 다툼이 일어났고 몇 명은 자살로 생을 마감했다. 숙희 아주머니는 우주의 법칙을 멈추게 했기에 그분 또한 우주의 법칙을 적용받은 것이다. 우주의 에너지는 사랑과 칭찬, 감사다. 절대 험담과 미움, 비판이 아니다. 험담은 우주를 오염시킨다.

의심으로 시작해 의심으로 끝나는 영화 〈다우트〉에서 험담에 관한 일화를 얘기한다.

여인: 남 얘길 하는 것이 죄악인가요? 제가 잘못한 건가요?

신부님: 그렇소. 부끄러운 줄 아시오. 베개를 지붕으로 가져가서 칼로 찌른 다음 다시 오시오. (얼마 후) 베개를 찔렀소? 어떻게 됐죠?

여인: 깃털이 쏟아져 나왔어요. 사방으로 깃털이 날렸어요.

신부님: 이제 집으로 돌아가서 바람에 날린 깃털을 다 모으시오.

여인: 그건 불가능해요. 어디로 날아갔는지 모르거든요.

신부님: 바로 그것이 험담이오.

위 내용은 주인공 플린 신부가 한 미사 강연에서 의심하고 험담하는 자들에게 던진 일화다. 신부는 흑인 학생에게 호의를 베풀다 성 추행범으로 몰리고, 도덕적 행위들을 오해받게 된다. 그때부터 교장 수녀 알로이시우스는 플린 신부에 대한 근거 없는 의심을 품는다. 의심에서 잉태된 험담은 여러 사람에게 전해지고 의심은 꼬리에 꼬리를 물고 이어진다. 참다못한 교장 수녀는 플린 신부를 학교에서 내보내기로 작정한다. 하루는 신부를 찾아가 잘못을 자백하고 신부의 직책까지 버리라고 다그친다. 수녀의 의심과 험담, 매서운 공방으로 신부는 교구 학교를 떠난다. 속이 후련할 줄 알았던 수녀는 자신의 행동 때문에 괴로움에 빠지고 영화는 끝난다.

누군가를 의심하고 추측할 수 있지만, 험담을 하는 것은 잘못된 행동이다. 험담은 깃털처럼 여러 사람에게 퍼지고 주워 담을 수 없을 만큼 사태가 커진다. 절대 수습 불가능하고 우주를 오염시키는 악질 중의 악질이 '험담'이다. 교장 수녀는 잠깐은 행복했으나, 의심과 험담으로 인해 자신을 불행의 감옥으로 넣었다.

부처는 "오직 자기 자신이 한 것과 하지 않은 일에만 집중하도록 하라"라고 말했다. 행복한 사람은 험담하지 않는다. 자신만 돌아볼 뿐이다. 마더 테레사는 "스스로의 발전을 위해 자신에게 시간을 들이는 사람은 남을 험담할 시간이 없다"고 말한다. 사람은 자존감이 낮을수록 험담을 하고 자존감이 높을수록 상대를 높여준다.

영국 스태퍼드셔 대학교 연구팀은 160명의 대상자들에게 뒤에서 다른 사람의 이야기를 얼마나 자주 하는지를 설문 조사했다. 자존감 정도와 사회적 유대감, 그리고 삶에 대한 만족도도 포함시켰다. 그 결과, 남의 이야기를 많이 하는 사람일수록 사회적, 인간적 유대감을 많이 느꼈지만 그것이 자존감이나 삶에 대한 만족으로 이어지기는 않았다.

연구팀은 또 칭찬을 많이 하는지 험담을 많이 하는지 물었다. 그러자 좋은 이야기를 많이 하는 사람들은 그렇지 않은 사람들보다 자신에 대한 자존감이 매우 높은 것으로 나타났다.

연구팀의 제니퍼 콜 박사는 "비록 나에게는 없지만 바람직한 점을 많이 가진 남을 솔직하게 칭찬하는 것만으로 자기 자존감이 높아진다"고 밝혔다.

어느 동네에 크게 성공한 두 부자가 있었다. 똑같은 부자지만 이들 대화는 차이가 있다.

A 부자 아내: 당신 요즘 뭔 일 있어? 기분이 별로인 거 같아. 어깨도 축 처져 있고……

A 부자: 사람들이 말이야! 그렇게 호의를 베풀고 도와주면 은혜를 갚아야지. 어디서 건방지게 인사도 안 하고! B씨한테는 그렇게 친절하고 인사도 잘하더니. 그 사람 사기꾼이야!

B 부자 아내: 당신 요즘 뭔 일 있어? 기분이 별로인 거 같아. 어깨도 축 처져 있고……

B 부자: 내 도움이 조금 부족한가? 금전적으로 더 필요한 사람들이 있을 텐데. 더 많이 못 도와줘서 사람들이 힘들어하는 거 같아. 그리고 A씨는 참 좋으신 분인데 내가 뭘 실수했나 봐.

두 부자는 남들에게 베풀기 좋아하고 어려운 사람들을 구제하는 일까지 서슴지 않는다. 이 둘의 다른 점이 있다면 A 부자는 험담을 일삼고, B 부자는 누구든지 상대방을 칭찬하고 위로해 준다는 것이다. A 부자는 남을 도와줄 때는 그렇게 천사처럼 행동하다가 뒤돌아서면 도움받은 사람을 욕한다. "인사를 안 했다", "표정이 안 좋다", "도와준 만큼 못 받았다" 등 험담과 불평을 일삼는다. 또 B 부자를 경쟁자로 생각해 사기꾼이고, 도둑이고, 편법으로 부자가 되었다고 험담한다. 반면 B 부자는 사람들을 더 많이 못 도와줘서 미안해하고, 사람들에게 희망과 용기를 심어준다. 또 A 부자를 존경하고 험담이 들려도 자기에게 문제가 있어 그렇다고 한다.

사람들은 두 번 다시 A 부자에게 도움을 요청하지 않는다. 도움을 받는 순간 험담의 대상자가 되기 때문이다. 헐뜯기면서까지 도움을 받고 싶지 않은 것이다. 굳이 상대의 약한 부분을 들추어 밝혀내는 것은 그 자체로 악이다. 사람들은 A 부자를 멀리하고 어떤 애경사에도 찾아가지 않는다. A 부자의 험담은 날이 갈수록 더 심해졌다. "세상 믿을 사람 하나 없다"고 늘 험담과 한탄을 일삼는다. 모두가 자신의 험담에서 비롯된 결과이다.

A는 물질적인 부자지만 사람들이 다 떠나가고 아무도 인정하지 않아 외로운 부자가 되었다. B는 물질적인 부자일 뿐만 아니라, 사람들이 따르고 더 축복받는 행복한 부자가 되었다.

험담에 대처하는 나쁜 자세

• 험담에 동조하기

 "정말이야? 그럴 줄 알았다. 나도 그렇게 생각해 왔어. 그 친구 정말 안 되겠네." "듣고 있으니 화병 나겠다. 두 번 다시 연락 안 해야겠다.""이젠 상대하지 말자."

● 험담에 시비 걸기

"네가 뭘 안다고 험담해!""너는 그렇게 잘났냐?""왜 나한테 그런 얘길 하니? 너도 다른 데 가서 욕해줄까?""부끄러운 짓 좀 그만 해라. 쪽팔려서 못 만나겠다."

● 험담 중에 일어나기

"잠깐, 시간이 벌써 이렇게 됐네. 나 바쁘다. 다음에 얘기하자!"

험담에 대처하는 좋은 자세
● 험담에 화제 전환

"아, 그런데 아까 그 얘기 뭐였더라? 갑자기 생각났어.""참. 저번에 네가 말한 것들에 의문이 생겼는데, 혹시 풀어줄 수 있어?""좀 전에 그 내용 다시 말해줄래?"

● 험담에 칭찬하기

"그렇지만 영탁이의 좋은 면도 꽤 많아. 사람들이 얼마나 도움을 많이 받았는데." "하지만 우린 완벽할 수 없잖아. 주성이는 어려운 가운데서도 버틴 친구야."

험담은 우주의 교통질서를 파괴하는 아주 나쁜 테러 분자다. 자기와 듣는 자 모두 지옥 구덩이로 인도하는 똥파리다. 험담은 반드시 부메랑처럼 돌아온다.

'발 없는 말이 천 리 간다'는 말처럼, 험담은 빠른 시일에 여러 사람에게 퍼진다. 또 '가는 말이 고와야 오는 말이 곱다'는 속담처럼, 험담은 당사자에게 반드시 돌아온다. 누구를 험담하고 싶을 때 오히려 칭찬으로 바꿔버릴 수 있다.

험담은 '날개'가 달려서 급속도록 전해지고, 칭찬은 '발'이 달려서 천천히 전해진다. 느릴지언정 상대를 칭찬하여 관계를 천천히 바꿔나갈 수 있다.

험담하고 싶을 때 꼭 기억하라! '진실한가?' '선한가?' '꼭 필요한가?' 이 세 가지를 충족시킬 험담은 지구상에 없다.

"보지 않는 곳에서 나를 좋게 말하는 사람은 진정한 친구이다."
토마스 풀러

잘못했을 때는 잘못 추궁이 아닌 해결책에 집중해야 한다

"잘못이 아닌, 해결책을 찾아라." – 헨리 포드

　과거는 이미 지나갔고 미래는 아직 오직 않았다. 가장 중요한 순간은 현재다. 지혜로운 사람은 현재에 정직하고 현재에 충실하고 미래를 계획한다. 반대로 미련한 사람은 현재와 미래보다 과거를 기억하고 과거에 얽매인다. 이런 사람에겐 발전 가능성이 보이지 않는다. 과거가 걸림돌이 되어 앞으로 나아갈 수 없다.

　과거를 잡고 싶은 자의 큰 특징 중 하나가 바로 어떤 잘못 앞에서 해결하려고 하기보다는 따지고 추궁하는 모습을 보인다는 것이다. 자신의 잘못이든 상대의 잘못이든 상관없고, 오직 잘못이란 과거만 잡고 추궁할 뿐이다. "왜 그렇지?" "이유가 뭐야?" "도대체 왜?"

　미국 자유주의의 상징인 존 F. 케네디 대통령은 말했다. "우리가 할 일은 과거에 대한 비난이 아닌, 미래를 위한 계획입니다." 잘못

237

한 것은 이미 지나간 과거다. 잘못을 잊고 더 나은 미래를 위해 더 높은 차원을 위해 해결책에 집중하는 자가 지혜롭다. 어떤 일 앞에 잘못만 추궁한다면 일을 더디게 할 뿐이고 생산성을 파괴하는 행동이다.

추궁의 한자는 쫓을 추(追)에 다할 궁(窮)이다. 쫓을 추는 문제를 쫓고 들추며, 다할 궁은 떨어지다, 막히다, 가난하다, 궁구하다의 뜻이다. 이렇게 한 사람을 범죄자로 만드는 추궁의 결과는 '궁(窮)'한 것이다. 추궁은 상대를 다치게 한다. 그 누구도 다치지 않고 과거보다는 미래로 향하려면 해결책에 집중해야 한다.

예전 김 실장님	직원: 실장님, 초밥 1번 세트가 아니라 2번 세트인데요? 손님들이 조금 화나 계세요.
	실장: 야! 일을 이렇게밖에 못 해? 귀머거리냐? 주문도 잘 못 받고, 정신 안 차려? 너 말고도 일할 사람들 많아. 네가 만들어!
현재 이 실장님	직원: 실장님, 초밥 1번 세트가 아니라 2번 세트인데요? 손님들이 조금 화나 계세요.
	실장: 아, 정말? 조금만 기다리시라고 해. 금방 만들어줄게. 네가 많이 당황했지? 가끔 손님들이 잘못 주문할 때가 있어. 걱정 마.

자주 가는 초밥집이 있다. 맛도 일품이고 가족처럼 아주 친절한 곳이다. 새로 오신 실장님 덕분이다. 예전에 계시던 실장님과 비교

가 많이 되는데 특히 '문제' 앞에서 태도가 다르다.

예전 실장님이 있을 때는 손님들이 깜짝깜짝 놀랐다. 직원들에게 언성 높이며 함부로 대하는 모습이 매일같이 반복됐다. 직원들의 작은 실수도 용납하지 못하고 손님들이 있어도 전혀 개의치 않고 잘못을 추궁했다.

"도대체 왜 그래?" "이유가 뭐야?" "월급이 아깝다." "일할 기운이 안 난다." "네가 초밥 만들어. 내가 서빙할게." "빨리빨리 움직여라. 거북이냐?"

귀한 손님들을 자주 모시고 갔지만 예전 실장님의 모습에 난감한 적이 한두 번이 아니었다. 직원의 잘못은 잘못이고 빨리 해결해서 손님들에게 더 나은 서비스를 제공해야 했다. 그렇지만 그 실장님은 해결책보다 잘못을 추궁하는 것이 우선이었다. 결국 김 실장님은 잘리게 되었다.

지금 실장님이 오시고 삭막했던 초밥집 분위기는 사뭇 달라졌다. 예쁜 장식품도 늘어났고 손님들에게 말 한마디 건넬 때마다 옆에서 듣는데도 기분이 좋아진다. 직원들이 주문을 잘못 받거나 계산을 실수하고 클레임에 걸려도 자기 일처럼 나서서 해결한다.

"가서 좀 쉬어. 내가 계산할게." "계산기 다루기가 좀 어렵지? 나도 몇 번 헤맸어. 이건 이렇게 하면 간단해." "손님, 제가 좀 도와드릴까요? 우리 직원한테 제가 다 알려주지 못했네요."

지금 실장님의 초점은 지나간 과거의 잘못이 아니다. 항상 지금 문제를 해결하는 것에 초점이 맞춰져 있다. 실장님 앞에서는 문제가 문제되지 않는다. 그런 이 실장님 모습에 손님들의 발길은 끊이지 않는다.

수직 관계 부모	부모: 지훈아! 너 오늘 수학학원 빠졌지? 지훈: 아니야! 갔다 왔어. 애들한테 물어봐! 부모: 어디서 거짓말이야! 가방 메고 놀이터에서 실컷 놀았으면서. 왜 안 간 거야? 이유가 뭐야? 맞아야 정신 차리지? 학원비가 얼마인데. 아무것도 배우지 말고 나가 놀아!!
수평 관계 부모	부모: 영훈아! 요새 학원 다니느라 힘들지? 영훈: 사실, 아까 학원 안 갔어. 부모: 놀이터에서 고민하는 모습 봤어. 크게 신경 쓰지 마. 엄마도 어릴 때 자주 그랬어. 어떻게 하면 좋을까? 집에 선생님을 불러도 되고, 태블릿 PC로 공부할 수도 있어.

'잘못 추궁' 하면 가장 대표적으로 떠오르는 예는 부모와 자녀의 관계다. 부모와 자녀의 이상적 관계는 수평 관계다. 자녀에게 잘못만 추궁하면 수직 관계이고, 함께 해결하면 수평 관계가 된다.

자녀에겐 친구 같은 부모가 좋다. 자녀는 지시하고 판단하는 수직적 부모보다는, 함께 나누고 같이 고민하는 수평적 부모를 원한다.

KTV와 여론조사기관 리얼미티에서 '이상적인 부모-자식 관계'

에 대해 여론조사를 실시했다. 조사 결과 민주적 관계, 즉 수평적 관계가 35.8%로 압도했고, 수직적 관계는 10.8%에 불과했다. 수직적 관계에는 일방적인 명령과 지시가 강하다. 일방적인 강요는 자녀들의 반발심을 불러오고 마음을 굳게 닫는 계기가 될 뿐이다. 수직적 관계의 부모와 지훈이는 늘 긴장감이 팽팽하다. 싫은 것을 싫다고 말할 수도 없고, 눈치 보고 틈만 나면 거짓말을 일삼는다. 수직 관계의 단골 메뉴는 '추궁'이다. 쉴 새 없이 몰아붙인다. "왜 그래?" "이유는?"

영훈이의 부모는 수평적 관계를 이루려고 노력한다. 그 핵심에는 '해결'이 있다. 절대 추궁하지 않는다. 어떤 문제 앞에서 함께 나누고 고민한다. 해결책을 찾기 위해 서로의 초점을 맞추고 대화의 품격을 높인다. "어떻게 하면 좋을까?" "엄마랑 같이 고민해 보자." "좋은 방법 있어?"

'추궁책'은 역기능과 파괴성을 불러오고, '해결책'은 순기능과 생산성을 불러온다. 추궁의 끝은 궁지뿐이다. 자녀를 궁지로 몰지 않고 살리기 원한다면 추궁을 버리고 해결책을 찾아야 한다. 자녀의 미래는 해결책으로 준비하는 것이다. 추궁 앞에 찬란한 미래는 없다. 시험을 망쳐도, 늦게 일어나도, 싸우고 와도 해결책은 반드시 존재한다. "힘들지?" "어떻게 해볼까?"

추궁하는 사람들을 보면 두 가지 심리학 용어가 떠오른다. 바로

'신 콤플렉스(God complex)'와 '인쇄 효과(Printing effect)'이다.

'신 콤플렉스'는 자신을 신적 존재로 여기고 나만이 옳고 상대는 틀리며 잘못됐다고 판단하는 것이다. 심리학자 어니스트 존스가 그의 책『응용 정신분석학 에세이』에서 처음 사용한 용어다. '인쇄 효과'는 어떤 사람을 자동으로 도식적 처리하는 것을 말한다. 곧 전에 했던 잘못된 행동이 이후의 행동을 부정적으로 판단하게 한다.

신 콤플렉스와 인쇄 효과 앞에서는 문제를 처리할 어떠한 해결책도 없다. 내가 정답이고, 상대를 부정적으로 보기 때문이다. 내가 틀릴 수도 있고, 상대가 틀리지 않을 수도 있다는 걸 항상 명심해야 한다.

잘못을 추궁할 때면 대부분 그 끝이 좋지 않다. 가끔씩 국정 감사나 청문회에서 추궁할 때 이성을 잃고 분노, 반말, 욕설 등이 난무하는 모습을 본다. 2019년 11월 1일에 국회 운영위원회 국정 감사가 열렸다. 당시 자유한국당 나경원 대표와 강기정 청와대 수석이 설전을 펼쳤다.

나경원 대표: 그렇게 우기시지 말고요. 우기시지 말고. 제발.

강기정 수석: 답변을 우긴다는 게 뭐예요. 우긴다가 뭐요!

나경원 대표: 강기정 수석! 어디서 소리를 질러!

강기정 수석: 내가 증인이야!! 우긴다가 뭐요! 똑바로 하세요!

가끔씩 국회의 현안들을 살펴보러 영상을 시청하지만 볼 때마다 부정적 여파가 몰려든다. 초반에는 존칭과 존댓말로 시작한다. 하지만 시간이 지나면 추궁을 기점으로 반말, 욕설, 개인사, 공격 등 야비한 짓을 한다.

위 설전의 발단은 '우기지 말라'는 추궁의 단어였다. 누가 들어도 화가 잔뜩 날 만한 단어다. 마치 '신 콤플렉스'로 자신만이 옳고 상대는 틀렸다는 기준으로 내뱉은 말이다. 상대가 우겼는지 안 우겼는지 그 누구도 모른다. 개인의 생각을 어느 누구든 100% 다 알고 판단할 수 없다. 그래서 추궁은 잘못된 행위다. 남의 사정을 전부 알 수 없기에 확신을 갖고 몰아붙이는 것은 추궁자의 어리석음만 드러낼 뿐이다.

추궁의 열매는 좋지 않다. 그래도 꼭 추궁하고 싶다면 최대한 겸손의 모습을 갖추고 해야 한다. 사람을 공격하지 말고 부족한 부분, 실수한 부분만 정확히 집어서 알려주면 된다. 그러나 대부분은 "넌 참 바보 같아." "교육이나 제대로 받았어?" "생긴 게 그 모양이니 그렇지!" 등 사람을 공격한다.

직장인의 애환을 담은 드라마 〈미생〉에서 김동식 대리가 이런 말을 했다. "잘못을 추궁할 때 조심해야 할 게 있어. 사람을 미워하면 안 돼. 잘못이 가려지니까. 잘못을 보려면 인간을 치워버려. 그래야 추궁하고 솔직한 답을 얻을 수 있어." 우리에게 필요한 것은 문제가 있음을 알려주는 것과 해결할 답을 함께 찾는 것이다.

추궁의 말 vs 해결의 말

• 상대가 시간 약속을 자주 어길 때

추궁: "왜 이렇게 늦었어?" "지금 몇 시야?" "항상 이런 식이지?" "게으른 걸 누굴 탓하겠냐?"

해결: "나도 전에 자주 그랬어. 근데 미리미리 준비하고 10분 전에 오니까 그렇게 좋더라." "다음에 늦을 때는 미리 연락 줘. 그 시간에 책 좀 읽고 있을게." "무슨 일 있는 건 아니지?"

• 상대가 실패로 좌절해 있을 때

추궁: "생각을 좀 바꿔." "실패한 이유가 뭐야?" "매번 할 말이 없다." "공부 좀 해라."

해결: "힘들지? 함께 해결점을 찾아보자." "어떤 방법으로 다가가는지 알고 싶어." "우리 산에 가서 스트레스 풀고 오자. 뭐든 풀어야 좋은 걸 얻을 수 있어." "넘어지는 건 당연한 거야."

미국 전 대통령 해리 트루먼은 "염세주의자는 기회를 장애로 만드는 사람이고, 낙관주의자는 장애를 기회로 만드는 사람이다"라고 말했다. 추궁하는 자는 좋은 기회를 놓치는 염세주의자다. 자기가 신이 되어 상대는 무조건 틀렸고, 개선이 불가능하다고 생각한다.

상대의 잘못 앞에 무수히 많은 기회가 펼쳐져 있다. 잘못 추궁보다는 함께 해결의 방안을 찾는 것이 지혜롭다. 문제에는 답이 있고 풀다 보면 해결점이 나타난다. 단지 추궁하기 위해 잘못만 따지다 보면 해결점을 찾지 못한다.

추궁하고 싶을 때 생각해 보자. 미래보다는 과거에 얽매여 있지 않은지, 수평보다는 수직적 눈으로 보는 건 아닌지. 어느 누가 죄 없다고 먼저 돌로 칠 수 있을까?

"어둡다고 불평하는 것보다 작은 촛불을 하나라도 켜는 것이 더 낫다."
−중국 격언

질문은 우리의 인생을 무한대로 열어준다

"어제에서 배우고 오늘을 살며, 내일을 꿈꿔라. 중요한 건 질문을 멈추지 않는 것이다." - 아인슈타인

동물과 인간을 구분 짓는 것 중 가장 큰 핵심은 '질문'이다. 동물은 태초부터 지금까지 본능적인 삶 말고는 발전한 것이 전혀 없다. 하지만 인간은 세상 창조 이래 끊임없이 질문했기에 문화와 문명을 급속도로 발전시켜 왔다.

바른질문연구소(RQI)의 공동 책임자 댄 로스스타인은 질문을 "가야 할 곳을 비춰주는 손전등"이라고 말했다. 인간에게는 질문이라는 거대한 무기가 있었기에 칠흑같이 어두운 세상을 아름답게 밝혀온 것이다.

온 우주에서 가장 귀한 것은 나 자신이다. 내가 있기에 세상도 의미가 있다. 그런 귀한 나의 인생이 열리길 원한다면 우리는 '질

문'을 해야 한다. 질문의 사전적 정의는 '알고자 하는 바를 얻기 위해 물음'이다. 무엇인가 열리지 않았고 얻지 못했다는 것은 모른다는 것이다. 인생의 무지 속에서 탈출하려면 우린 오직 질문해야 한다.

인류 역사상 최고 천재 과학자 아인슈타인은 "질문이 모든 것이다"라고 했다. 일반인이 뇌의 1~5%를 사용했다면, 아인슈타인은 끊임없는 질문을 통해 15% 이상을 사용했다. 아인슈타인처럼 우리 인생도 질문을 통해 무한대로 열릴 수 있다. 모르는 것은 잘못이 아니다. 질문하지 않는 것이 죄다.

나는 어릴 적 크게 죽을 고비를 몇 번 넘기면서 인생에 대한 질문이 많아졌다. 궁금증이 생길 때마다 동네 교회 목사님들이나 절에 있는 스님들에게 늘 질문하곤 했다.

나: 목사님! 제가 어디에서 왔나요? 왜 사는 건가요? 죽으면 어디로 가는 건가요?
목사님: 하나님으로부터 와서, 하나님 영광을 위해 살고, 하나님 나라로 가는 거야.
나: 스님! 어떻게 사는 게 정답일까요? 무엇을 하며 살아야 하나요?
스님: 악한 일을 하면 안 되고, 사람들에게 선행을 베풀고, 마음을 깨끗이 닦아라.

어린 나이에 잘 이해되지 않는 내용들이었지만 무언가 질문하고 답을 얻는 것이 그저 행복했다. 목사님들과 스님들은 어린 게 질문도 많다면서 매번 꾸짖었지만 질문하는 나를 대견해하셨다. 그렇게 죽을 고비들과 통증들이 더해졌지만 궁금했던 삶과 죽음의 문제가 해결되니 담대해졌다. 모두 질문의 힘이었다.

질문하지 않았다면 해석되지 않았기에 아픔과 괴로움이 가중됐을 것이다. 그렇게 질문은 나를 더 성장시켰고 지식은 부족해도 지혜가 점차 늘어갔다.

노벨문학상을 받은 이집트의 소설가 나기브 마푸즈는 질문에 대해 이렇게 말했다. "어떤 질문을 하는지를 보면 그가 얼마나 '지혜'로운지를 알 수 있다."

지식과 지혜는 다르다. 지식은 머리로 알고 있는 것이고, 지혜는 체험, 즉 행동으로 깨달아 습득한 것이다. 행동하기 전후의 질문은 지혜를 불러온다. 온갖 삶의 지혜들을 질문이 끌고 온다.

세계에서 가장 지혜 많기로 소문난 나라가 있는데 바로 이스라엘이다. 그들의 부모는 대개 "학교에서 뭘 배웠냐"고 묻지 않고, "무엇을 질문하고 왔냐"고 질문한다. 유대인들의 전통 교육법 '하브루타'는 두 명이 짝이 되어 대화하고 질문, 논쟁, 토론하는 방법이다. 어릴 적부터 끊임없는 질문을 통해 상대의 세계로 들어가는 경험을 쌓은 이들은 지금 세계를 지배한다. 길 가다 모르면 헤매지 말고 질문하면 된다. 질문이 없으면 배움도 없다. 인생은 질문으로 열린다.

질문은 관계 맺음과 의사소통에 탁월하다. SBS에서 2011~2014년까지 방송한 짝 짓기 프로그램 〈짝〉은 총 140회 방영됐다. 매번 인상 깊었던 장면은 서로에게 질문하는 시간들이었다.

남자 1호: 이상형이 어떻게 되세요? 나쁜 남자 좋아하세요? 착한 남자 좋아하세요?

여자 1호: 나쁜 남자 정말 싫어하고요. 자상하고 겸손한 남자를 좋아합니다.

남자 2호: 장거리 연애 생각해 본 적 있으세요? 사랑하는데 자주 못 봐도 괜찮나요?

여자 2호: 진짜 사랑하면 그건 큰 문제가 안 될 것 같아요. 제가 자주 보러 가면 되죠!

남자 3호: 스펙이 대단하신데요, 모든 면에 열정적이신가요?

여자 3호: 다른 것은 열정적인데, 이성과의 만남은 열정적이지 못했어요.

4년 치 방송을 두 달 동안 몰아서 볼 정도로 아주 흥미진진한 프로그램이었다. 서로를 알기에는 짧은 시간이라 대부분 외모에 치중되어 호감순을 정하는 게 아쉬웠다. 그래도 서로가 자신의 매력을 발산하기 위해 노력하는 모습들이 프로그램을 더 흥미롭게 했다. 자연스레 관심이 가는 이성에게는 질문 세례가 수없이 쏟아졌다. "이국적으로 생기셨어요. 여자 친구 많았죠?" "춤, 노래, 외모, 머리도 모두 뛰어나신데 여기 왜 나오셨어요?" 이렇게 질문을 많이 받은 참가자들을 중심으로 내용이 전개된다. 질문도 선택도 못받은 참가자는 혼자 식사하거나 방송에 끼지 못하고 프로그램에서 하차한다. 모든 것은 관심에서 비롯된다.

상대에게 질문한다는 것은 궁금하다는 것이다. 궁금하다는 것은 관심이 있다는 것이다. 다들 남자 여자는 결혼 전후에 차이가 많다고 하소연한다. 결혼 전에 그렇게 물어보고 표현을 많이 했는데 결혼 후에는 대화가 사라졌다고 한다. 물론 결혼 후에도 관심이 사라진 것은 아니지만, 전보다는 관심이 덜해진 것이다. 그래서 결혼 후에도 똑같이 질문하고 표현하는 사람은 늘 사랑받는다.

관심 있고 궁금하면 반드시 질문한다. 이것은 영원불멸의 진리다. 가족, 친구, 직장 상사, 선후배 간의 소통 또한 질문으로 해결된다. 질문은 상대의 마음을 움직인다. 질문하는 사람을 특별한 존재로 생각한다. 관계와 소통은 관심 어린 질문으로 시작한다.

1997년, 뉴욕 스토니브룩 대학의 심리학 교수 아서 아론은 《성격과 사회 심리학 저널》에 '사랑에 빠지는 36가지 질문'에 대한 논문을 실었다. 그는 모르는 남녀 한 쌍에게 준비한 36개 항목을 서로 질문하고 답하도록 요청했다. 36가지 질문과 답이 끝나고 서로

4분간 눈을 바라보게 했다. 그 결과 서로 전혀 몰랐던 남녀는 오랫동안 알고 지낸 사이처럼 느꼈고 곧 사랑에 빠졌다.

시간이 흐르고 브리티시컬럼비아 대학 교수 맨디 렌 카트론 교수도 이 실험을 직접 진행했다. 그 결과 사랑에 빠지게 되었고 그 경험담을 2015년 〈뉴욕타임스〉에 기사로 실었다. "누군가와 사랑에 빠지고 싶다면, 이렇게 하라!"

닫힌 질문 (closed question)	나: 칸쿤 갔다 왔어? 커플 A: 네. 나: 좋았나 보네? 얼굴도 많이 폈고. 커플 A: 네. 좋았어요. 나: 정말 좋아? 나도 여행으로 가봐야겠다. 커플 A: 네. 가보세요. 나: 그래.
열린 질문 (opened question)	나: 칸쿤이 어느 쪽에 있는 거야? 커플 B: 멕시코 남동부에 있는 해안이에요. 나: 신혼여행지 1순위라던데, 어떤 것들이 그렇게 좋았어? 커플 B: 세계 각지의 훌륭한 음식들을 계속 먹을 수 있었고, 에메랄드 빛 바다가 너무 아름다웠어요. 한번 꼭 가보세요. 나: 좋은 정보 고마워.

휴양지 '칸쿤'으로 신혼여행을 다녀온 두 커플에게 각각 다르게 질문을 해보았다. 커플 A 쪽에는 '예, 아니오'만 대답할 수밖에 없는 '폐쇄형 질문'을 던졌다. 반대로 커플 B 쪽에는 '구체적으로 얘기할 수밖에 없는 '개방형 질문'을 던졌다. 당시 두 커플과는 그렇게 친한 사이가 아니었다. 모임에서 몇 번 인사만 했을 정도였다. 질문 방식을 몰랐던 때라 커플 A에게는 내키는 대로 질문했는데 당연히 거리가 더 멀어졌다. 내 질문에 문제가 있음을 느꼈고 또 다른 커플 B에게는 좀 더 구체적으로 질문을 해보았다. 질문 방식 때문인지 관계가 깊어졌고 지금도 서로 좋은 정보를 공유하고 있다. 이 경험을 토대로 매일 사람들에게 개방형 질문을 하고 있다.

질문이라고 모두 좋은 것은 아니다. 어떤 질문은 인생과 관계를 열어주는가 하면, 어떤 질문은 오히려 모든 것을 닫아버린다. 우리의 삶과 의사소통을 열어주는 질문도 많지만 그 핵심에는 '열린 질문'과 '긍정 질문'이 있다.

열린 질문은 5W1H, 즉 언제(When), 어디서(Where), 누가(Who), 무엇을(What), 왜(Why), 어떻게(How)로 짜여 있다. 이 여섯 가지를 질문에 넣고 구체적으로 물어보기 때문에 구체적인 답변을 들을 수 있다. 만약 열린 질문으로 물었는데 돌아오는 답변이 '예, 아니오'라면 빨리 관계를 정리하는 편이 낫다. 또 하나 긍정 질문은 칭찬과 함께 좋은 감정을 일으키는 단어를 연상시키며 질문하는 것이다.

열린 질문과 긍정 질문

"아빠! 이번에 승진하신 거 정말 축하해요! 역시 아빠는 해낼 줄 알았어요! 비결이 뭐예요?"

"엄마! 사랑으로 키워줘서 고마워! 엄마 덕에 다 잘되고 있어. 난 엄마한테 어떤 딸이지?"

"영훈아! 네가 내 친구인 것이 늘 자랑스럽다. 우리 관계를 위해서 무엇을 신경 써야 할까?"

"딸! 일 년 동안 수백 권의 책을 밥 먹듯이 소화했는데, 어떤 계기로 시작한 거야?"

"과장님! 부족한 저를 이끌어 주셔서 감사해요! 이번 프로젝트는 무엇을 더 신경 써야 할까요?"

궁궐 같은 집이라도 혼자 살면 안 사는 것만 못하고, 맛있는 음식도 혼자 먹으면 의미가 없다. 사람은 사람과 함께 관계 속에서 사는 것이 가장 아름답고 의미 있다. 무인도보다는 칸쿤 같은 아름다운 섬에서 많은 사람들과 좋은 관계 속에서 살려면 질문해야 한다. 또 에메랄드 빛처럼 밝은 인생을 살고 싶다면 질문을 통해 배우고 지혜를 얻어야 한다.

인생이라는 망망대해를 헤엄쳐 가는 데 있어서 '질문'이란, 우리를 인도해 주는 '등대'와 같다. 모르는 길 헤매지 말고 질문을 통해

당당하고 힘차게 걸어가자. 유대인들의 무기는 '질문'이다. 질문이
세상을 정복했다. 누구나 그 무기를 당장 꺼낼 수 있다. 질문하자!
인생을 열자! 관계를 열자! 세상을 열자!

"질문이 없다면 통찰도 없다."
—피터 드러커

침묵이 밑바탕이 되면
깊이 있는 말들이 나온다

"진정한 창조는 침묵 속에서 이루어진다." - 카를 힐티

관계 속에 사는 사람들은 누구나 말을 잘하고 싶고, 깊이 있는 말을 하고 싶어 한다. 가볍고 우스운 말보다는 깨달음과 생산성이 넘치고 분위기를 바꾸는 그런 창조적인 말을 하고 싶어 한다. 이 모든 원천에는 '침묵'이 자리하고 있다.

얕은 시냇물은 요란한 소리를 내며 흐르고, 깊은 바닷물은 소리 없이 흐른다. 말에 깊이가 없는 사람은 시냇물처럼 요란하고, 말에 깊이가 있는 사람은 바닷물처럼 조용하다. 바다는 조용하게 가득 차 있다. 침묵하는 사람은 바다와 같다. 그의 말은 조용하지만 깊이 있고 가득 차 있으며 매우 창조적이다. 침묵이라는 여백은 어떤 색깔도 마음껏 창조해 내는 힘이 있다.

성경에는 마지막 선지자요, 신의 아들인 예수가 오기 전 중간기

라고 하는 침묵기가 나온다. 말 많고 탈 많았던 구약성경이 끝나고 400년간 성경은 침묵한다. 침묵기가 끝나고 구약성경이 예언한 깊이가 남다른 참선지자 예수가 인류의 구원자로 등장한다. 만약 침묵기가 없었다면 예수 또한 구약의 많은 선지자 중 한 사람으로 취급받았을 것이다. 침묵기가 있었기에 말씀이 육신을 입고 예수가 세상에 핵심이자 특별한 존재로 온 것이다.

침묵에는 놀라운 힘이 있다. 사람들의 이목을 끌게 된다. 침묵은 어떤 말보다도 더 깊이 있는 말을 창조한다. 침묵이 밑바탕이 된 말은 살아 있는 생생한 말이 된다. 인간의 깊이는 다름 아닌 '침묵'에 의해서 결정된다.

우연히 길을 걷다 학창 시절 친구 한 명을 만났다. 나는 그 친구를 보는 순간 눈물을 쏟았다. 왜냐하면 그 친구가 나로 인해 학교를 자퇴했기 때문이다. 너무 미안한 마음에 말을 건넸다.

나: ○○아! 잘 지냈어? 너만 생각하면 늘 미안한 마음뿐이다.
친구: 정말 오랜만이다. 내가 학교 다닐 때 좀 짓궂었지. 모두 내 잘못으로 시작된 건데.
나: 내가 그때 너랑 싸우지만 않았어도 넌 학교 그만둘 생각을 안 했을 텐데. 정말 미안해.
친구: 너랑 싸우고 선생님한테 같이 혼날 때, 네가 내 말에 침묵했던 게 너무 무서웠어.

나: 그 당시에는 친구들을 괴롭히는 네가 정말 미웠어. 그래서 너랑 말하기 싫었던 거야.

친구는 학교에서 소위 일진이었다. 친구들의 학용품과 돈을 빼앗고 맘에 들지 않으면 뒷골목에서 폭력을 행사하던 친구였다. 한창 복싱을 배우고 있던 터라 두려울 게 없었던 나는 친구에게 결투를 신청하여, 만신창이로 만들었다.

다음 날 전교생이 알 정도로 소문이 빠르게 퍼졌다. 담임 선생님은 친구들끼리 싸운 것은 부끄러운 행동이라며 복도에 우리를 불러 세우셨다. 서로 잘못을 뉘우치고 화해하라고 하셨지만 나는 절대로 말하지 않았다. 그 친구의 잘못된 행동을 용서하기가 싫었다. 싸움을 시작한 건 나였지만 그 당시에는 내 행동이 의롭다고 생각했다. 친구가 말했다. "지금까지 내가 모두 잘못했어." 나는 그 말에 동요하지 않았다. 오직 침묵했다.

침묵에는 깊은 위엄이 있다. 침묵은 단어가 없는 가장 강력한 말이다. 누군가의 태도에 압력을 주기 위해서는 침묵이라는 무기를 사용할 줄 알아야 한다. 침묵은 말로 표현할 수 없는 것들을 강력하게 표현해 준다. 지금 누군가의 관계 가운데 쉬운 사람으로 비치고 있다면 즉시 침묵해야 한다. 빈 수레가 요란한 것처럼, 말이 많기 때문에 가벼운 사람, 쉬운 사람으로 비친 것이다.

상대가 나를 위엄 있게 만들지 않는다. 스스로 침묵하여 위엄 있게 보여야 한다. 침묵하는 사람의 속마음은 알 길이 없기에 함부로 행동할 수가 없고 상대를 떨게 만든다. "내 사전에 불가능이란 없다"고 말한 나폴레옹은 침묵을 통해 위엄 있게 군사를 다스렸다.

위엄 있는 사람에게 깊이가 더해진 말은 금상첨화라 할 수 있다. 깊이 있는 말, 진실된 말, 곧 말 잘함은 '침묵'에 있다. 말 잘하는 사람들은 침묵의 힘을 알고 항상 침묵을 사용한다.

버락 오바마: 우리는 할 수 있습니다. (침묵) 우리는 해냈어요. (침묵) 감사합니다.

스티브 잡스: 지난 2년 반 동안 손꼽아 기다려왔던 날입니다. (침묵) 살다 보면…….

마틴 루서 킹: 나에게는 꿈이 있습니다! (침묵) 언젠가 우리 미국이…….

김대중 대통령: 우리 모두는 지금 땀과 눈물과 (침묵) 고통을 요구받고 있습니다. (침묵)

덴절 워싱턴: 중요한 것이 있습니다. (침묵) 지는 포기하지 않았습니다. (침묵)

버락 오바마의 고별 연설에서의 침묵, 스티브 잡스의 아이폰 발표에서의 침묵, 마틴 루서 킹의 링컨 기념관 연설에서의 침묵, 김대중 대통령의 취임사 연설에서의 침묵, 덴절 워싱턴의 펜실베이

258

니아 대학교 졸업 연설에서의 침묵은 청중의 이목을 사로잡았다. 대중은 환호성과 기립박수로 보답해 줬다. 이들의 연설이 대중의 가슴을 뛰게 만들고 아직도 잊히지 않는 이유는 침묵이 있었기 때문이다.

『떨지 마라 떨리게 하라』의 저자는 책에서 "침묵보다 주의를 집중시킬 수 있는 좋은 방법은 없다"라고 말한다. 사람을 집중케 하는 것은 시각 55%, 청각 38%, 언어 7%라고 한다. 침묵은 '시각' '청각' '언어' 중 어떤 것에도 속하지 않는 '집중의 왕'이다.

영국의 비평가 토머스 칼라일은 "웅변은 은이요, 침묵은 금이다"라고 말했다. 올림픽에서 선수들은 금메달을 향해서 최선을 다한다. 은메달을 바라보지 않는다. 금메달만이 사람들에게 각인되고, 노력의 값진 결과를 안겨준다.

칼라일의 말처럼 대화에서 침묵이 금이라면 우린 항상 침묵을 적절히 섞을 줄 알아야 한다. 쉬지 않고 말하는 사람은 2등이고, 가끔씩 침묵하는 사람은 1등이다. 그냥 은반지보다는, 은반지에 금이 조화롭게 섞인 반지가 더 빛나 보인다. 이처럼 침묵은 말을 빛나게 한다. 말을 효과 있고 더 집중하게 해준다. 시상식에서 대상자를 호명할 때 "대상자는……" 하며 침묵한다. 그 침묵이 대상자를 극대화한다. 이것이 침묵의 힘이다.

1920년 독일의 심리학자 자이가르닉은 자신의 스승 쿠르트 레

빈과 함께 한 가지 실험을 했다. 우선 학생 164명을 각각 A와 B 두 그룹으로 나누고, 22개의 간단한 과제를 끝내도록 요구했다. 이때 A 그룹은 과제를 마무리할 때까지 아무 방해도 하지 않았다. 반대로 B 그룹은 진행하던 과제를 중단시키고 다음 과제를 진행하게 했다.

실험이 끝난 후 자이가르닉은 학생들에게 22가지 과제가 무엇이었는지 기억하도록 요구했다. 놀랍게도 전혀 방해받지 않은 A 그룹보다, 계속 방해를 받은 B 그룹이 2배나 더 많이 기억했다. 이것을 '자이가르닉 효과' 또는 '미완성 효과'라고 부른다. 대화에서도 침묵은 미완성 상태이기에 대화가 더 잘 기억에 남는다.

2014년 겨울 작은 교회에서 수련회를 개최하여 중·고등부 학생들과 산속으로 들어갔다. 그 당시 나는 침묵에 관해 시리즈로 설교할 때였고 우린 직접 침묵의 시간을 가져보기로 했다.

나: 2박 3일 동안의 모든 프로그램이 끝났다. 우리 30분 동안 눈 감고 침묵에 들어가 보자.

학생들: 네 전도사님! 말없이 30분 동안 있는 게 어렵겠지만 한 번 해볼게요.

나: 함께하면 30분은 금방 지나가고 좋은 체험이 될 거야. 끝나면 서로 느낌을 나눠보자.

학생들: (30분이 지나고) …… 마음이 편해졌어요. 안식을 얻은 것

같아요. 충전된 느낌이에요.

나: 침묵을 통해 모두 같은 느낌을 받았네. 모두 대견스럽다. 우리 이날은 잊지 못할 거야.

그동안 이렇다 저렇다 들어왔던 침묵을 직접 체험해 보았다. 30분은 정말 길고 지루한 시간이었다. 어떤 학생들은 장난기 가득한 표정으로 나를 바라보았다. 또 어떤 학생은 빨리 끝내라며 일부로 헛기침도 했다. 그러나 우리들의 마음속엔 30분의 침묵 시간을 완수해야 한다는 메시지가 살아 숨 쉬고 있었다. 침묵을 끝낸 학생들의 표정은 학교에서는 전혀 경험할 수 없는 편안함 그 자체였다.

몇 번의 설교보다 한 번의 경험이 더 빠르고 정확하다는 것을 이때 깨달았다. 이날부터 학생들은 집이나 학교에서 지치고 소란스러울 때마다 침묵을 실천한다고 한다. 침묵을 실천할 때마다 신의 음성이 들리고 양심이 살아나고 에너지가 솟아난다고 고백했다.

침묵은 깊은 쉼을 준다. 바쁘고 분주하게 돌아가는 세상 속에서 우리는 에너지가 고갈되고 항상 지쳐 있다. 이때의 침묵은 우리의 내면을 샤워시켜 주고 에너지를 가득 충전해 준다. 두려움 앞에서 맞설 수 있는 힘을 선사해 준다. 몸의 기운은 말함으로 인해 소진된다. 그래서 약한 자가 항상 떠들어댄다. 강한 자는 말이 없다.

예수는 곤욕을 당할 때나 십자가에서 처형당할 때 침묵으로 그 환경을 능히 이겨냈다. 침묵이 내면의 힘을 흘러넘치게 했다. 운동 경기 전 떠들어대는 선수는 단 한 명도 없다. 침묵해야 정신을 하나로 집중할 수 있다는 것을 알기 때문이다. 참쉼이 있고 에너지가 흘러넘치는 침묵 안에는 내면을 바꾸고 존재 전체를 바꾸는 힘이 있다.

침묵할 때 vs 침묵하지 못할 때

- "진심으로 사랑해요! (침묵) 그리고 고마워요! (침묵) 조심히 들어가요."

  "진심으로 사랑해요! 제 마음 알죠? 진심입니다. 그리고 항상 고마워요! 또 봐요!"

- "과장님! 이번 프로젝트는 제 잘못입니다. (침묵) 잘못은 달게 받겠습니다. (침묵)"

  "과장님! 이번 프로젝트 제 잘못입니다. 잘못은 달게 받겠습니다. 정말 죄송합니다."

- "2021년 연기대상 영예의 대상자는……. (침묵) ……○○○!! 축하드립니다."

  "2021년 연기대상 영예의 대상자는 ○○!! 축하드립니다."

- "지영아! 네게 한 말이 있어. (침묵) 요즘 내가 말실수한 것 있으면 얘기해 줘."

  "지영아! 네게 할 말이 있어. 내가 말실수한 것 있어? 요즘 나한테 왜 그래? 말해봐!"

- "엄마! (침묵) 공부가 우선이고 중요하다는 것 알아요. 너무 재촉하지는 말아주세요."

"엄마! 공부가 우선이고 중요하다는 건 다 알아요. 너무 재촉하지 말아주세요. 제발요."

부패가 만연한 로마 시대 강직하고 청렴결백한 인물이었던 정치가 카토는 말했다. "나는 말하는 것이 침묵하는 것보다 좋다는 확신이 들 때에만 말한다." 그는 침묵함으로써 헛소리를 하지 않았다. 카토는 침묵을 통해 위엄 있고, 언변에 능했고, 참섬을 알았던 당대의 강자였다.

책『머리를 9하라』에서 저자 정철은 "쉼표는 숫자 9를 닮았다. 1~9까지 열심히 달려왔다면 10으로 넘어가기 전에 잠시 쉬어 가라는 뜻, 쉼표에 인색하지 마라. 쉼표를 잘 찍어야 마침표를 잘 찍을 수 있다"라고 말한다. 마침표는 명료하고 확실하다는 뜻이다. 침묵이 우리를 모든 면에서 더 명료하고 더 확실하게 해준다. 오늘 내 인생의 깊이를 위해 '(침묵)'해 보면 어떨까⋯⋯.

"말하는 자는 씨를 뿌리고, 침묵하는 자는 거두어들인다."
-J. 레이

마사지(massage, 스킨십)는 최고의 메시지(message)다

"인간은 신체적인 것이든, 정신적인 것이든, 영적인 것이든 모두 근육의 긴장으로 전환시킨다." - F. M. 알렉산더

　사람은 영·혼·몸으로 이루어져 있고 이들은 서로 영향을 주고받는 관계다. 영은 혼에게 혼은 몸에게 영향을 주고 반대로 몸은 혼에게 혼은 영에게 영향을 준다. 주변에 영을 훈련한 사람이 정신도 강해지고 그의 육체 또한 남달라진 모습을 보게 된다.

　사람은 대개 정신적인 스트레스로 인해 육체의 질병까지 얻는다. 반대로 육체의 질병으로 정신적인 스트레스까지 이어진다. 이렇게 우리의 영·혼·몸은 하나이고 떼려야 뗄 수 없는 존재이다. 영혼을 신선하게 바꿀 수 있는 방법이 있다. 바로 몸에 긍정적 변화를 주는 것이다.

　우리는 상대의 영혼에 좋은 사람이라는 영향을 주기 위해 노력

한다. 긍정적인 말, 좋은 목소리, 칭찬, 감사, 경청, 겸손, 표정 등 많은 부분을 보여준다. 하지만 이런 것들은 눈으로 보는 간접적인 영향일 뿐 직접적인 효과가 될 수 없다. 상대방의 영혼에 직접적이고 빠르게 영향을 주는 것은 오직 스킨십뿐이다.

『애무, 만지지 않으면 사랑이 아니다』에서 김정운 교수는 "눈으로 바라보는 것은 상대방을 나와 구별하는 것이고, 손으로 만지는 것은 상대방과 하나가 된다"라고 말한다. 접촉은 친밀감의 표시이다. 물리적 거리는 심리적 거리이다. 잊지 못할 최고의 메시지는 마사지(스킨십)다. 부드럽고 자연스럽게 살갗을 맞닿을 때 점점 친밀감의 온도가 올라간다.

1학년 담임 선생님

선생님: (꿀밤 때리며) 집에 무슨 문제 있어? 어린놈이 뭔 산을 그렇게 쳐다보냐?

나: 아니에요.

선생님: (막대기로 종아리 때리면서) 숙제해 오라고 했어? 안 했어? 말을 안 들어!! (막대기로 머리 때리며) 멍청하면 고생한다.

2학년 담임 선생님

선생님: (머리 쓰다듬으며) 재성이 걱정거리가 있구나? (어깨 만져주며) 선생님께 다 얘기해 봐.

나: 사실 집에 이런저런 문제가 있어서요.

선생님: (손잡고) 재성이 숙제 못해왔구나? (하이파이브 하며) 우리 더 힘내볼까!

내겐 초등학교 시절 잊지 못할 1학년 담임 선생님과 2학년 담임

선생님이 계신다.

1학년 때의 체벌은 30년이 지난 시간이지만 아직도 기억이 생생하다. 가끔씩 악몽을 꿀 때도 어김없이 선생님이 등장한다. 1학년이 뭘 그리도 잘못했다고 무지막지하게 때리셨는지 한번은 꼭 묻고 싶다. 그때의 사건을 지금 생각해도 온몸이 부들부들 떨린다. 너무 아팠고 너무 슬펐다. 때린 자는 잊었을지 모르지만 맞은 자는 절대 잊지 못한다. 그때 내게 준 메시지는 "너 죽어라"였다. 이것 말고는 달리 해석할 여지가 없다. 태어나서 초등학교는 처음이고 모든 선생님이 이렇게 학생을 쥐 잡듯 때린다고 생각했다. 집안 문제와 학교 선생님이 무섭다는 이유로 학교 가기가 싫었고 학교 빠지는 날수가 많아졌다.

그렇게 2학년이 되었고 1학년 선생님과 달리 얼굴이 항상 온화하신 선생님을 만났다. 난 그냥 선생님이 좋았다. 1학년 때와는 전혀 다른 선생님이 내게 늘 웃고 칭찬과 사랑을 말로 표현해 주셨다. 그때 선생님은 말과 함께 부드러운 손길로 스킨십을 해주셨다. "(안아주면서) 재성아! 사랑해! 이다음에 훌륭한 사람이 될 기야!" "(손잡아 주면서) 무슨 일 있구나? 선생님이 기도해 줄게."

1학년 때 받은 최악의 메시지를 2학년 선생님은 최고의 메시지로 바꿔주셨다. 그것은 다름 아닌 사랑과 스킨십의 힘이었다. 사랑의 매는 없다. 오직 사랑의 스킨십만 있을 뿐이다. 그때의 기억들이 지금껏 내가 사랑으로 마사지하는 원동력이 되어주고 있다.

2009년 3월 29일 SBS 〈동물농장〉에서 '위대한 교감'이란 주제로 방송을 했다. 〈동물농장〉은 대부분 특별한 동물들이 나와서 장기자랑을 하는데 이번 편은 좀 달랐다. '꽃님'이라는 작고 어여쁜 강아지가 가족들에게 버려지고 동물병원에서 지내는 모습이었다. 고령의 나이에 건강까지 악화된 꽃님이를 병원 가족들이 1년 8개월간 지극 정성으로 키웠다. 하지만 꽃님이는 나아질 기미도 없이 이름을 불러도 외면하고 눈도 마주치지 않았다.

　사람들의 관심과 사랑을 거부하고 마음을 굳게 닫은 꽃님이에게 한 여자가 나타났다. 그 여자는 영혼을 열고 동물과 교감하는 '애니멀 커뮤니케이터(동물 교감사)' 하이디 라이트였다.
　하이디는 꽃님이를 보자마자 곁에 가서 조용히 앉았다. 교감을 시작한 하이디는 말하기 시작한다. "꽃님이가 굉장히 피곤해해요." "계속 나 늙었으니 혼자 내버려 두라고만 하네요." 갑자기 하이디가 양손을 여러 번 비비기 시작한다. 나지막이 "꽃님"을 부르고 "등에 손을 좀 댈게"라며 몸을 마사지(스킨십)하기 시작했다. 얼마 후 꽃님이는 하이디의 손길에 고개를 들고 일어났다. 하이디는 계속해서 여러 곳을 쓰다듬기 시작했다. 그때 놀라운 일이 일어났다. 사람들과 눈길조차 마주치지 않던 꽃님이가 마음을 열고 사람들에게 다가가 안기기 시작했다. 하이디는 사람들에게 "부드럽게 쓰다듬어 주세요. 진심을 전해주세요"라며 코칭해 준다.
　버려지고 상처받은 꽃님이를 일으키고 마음을 열어준 것은 하이디의 진심 어린 손길이다. 그녀의 부드럽고 따뜻한 마사지가 메시지가 되어 꽃님이의 영혼을 자극한 것이다. 하이디는 지금 세계 곳곳의 상처받고 아파하는 동물들에게 다가가 살며시 터치하며 치료해 준다.

하이디의 영상들을 보면 전부 같은 행동을 반복하는데 바로 마사지(스킨십)다. 영상에 등장한 사랑이 필요한 동물들 '뽀뽀', '미오', '마미' 모두 하이디의 손길을 통해 치료됐다. 하이디는 우주의 에너지를 스킨십으로 영혼까지 침투해 치료하는 '레이키'라는 기법을 사용했다. 사랑과 손길만 있다면 누구나 레이키의 달인이 될 수 있다. 마사지의 신, 메시지의 신이 될 수 있다.

1950년대 미국 위스콘신 대학 심리학 교수인 '해리 할로우'는 사랑의 본질에 관해 한 실험을 했다. 인간과 94%의 유전자를 공유하는 붉은털원숭이 네 마리를 실험 대상으로 정했다.

우선 원숭이들을 어미로부터 떼어놓고 가짜 엄마들에게 맡겼다. 우유가 있고 철사로 된 어미에게, 우유가 없고 수건으로 된 어미에게 각각 두 마리씩 붙여놨다. 시간이 지나고 두 엄마를 다시 택하게 했을 때 네 마리 모두 수건 엄마를 선택했다. 배고플 때만 철사 엄마에게 가 젖을 먹고는 다시 돌아와 수건 엄마의 품속에 안기는 행동을 반복했다. 이 실험은 동물이나 인간은 모두 식욕보다는 접촉, 곧 스킨십에 더 의존한다는 것을 밝혀냈다. 사랑의 본질은 '스킨십'이다.

고객 A: 수십 년간 풀리지 않던 피로가 모두 풀렸어요! 또 제 마음까지 풀어주셨고요.

고객 B: 마사지를 받으면서 옛날 응어리졌던 일들이 기억났고 그 응어리가 사라졌어요!

고객 C: 받을 때마다 느끼지만 제가 최고로 귀한 존재라고 해주시는 것 같아요.

고객 D: 정신과 상담보다 훨씬 좋습니다. 마사지해 주실 때마다 제 영혼이 반응해요.

고객 E: 왠지 모르게 올 때마다 선생님이 제 자존감을 엄청 높여주고 계세요.

고객 F: 마사지를 받으면 무엇이든 다 해낼 수 있을 것 같다는 느낌이 들어요.

고객 G: 선생님의 손이 제게 '사랑해', '괜찮아', '용서해', '고마워'라고 말하는 것 같아요.

나는 마사지를 시작하기 전에 항상 기도한다. '마사지가 좋은 메시지가 되도록', '존귀한 사람으로 세워지도록', '상처를 씻어주도록', '자존감을 높이고 자신감을 갖도록', 이런 기도 덕인지 고객들은 위 사례들처럼 영혼의 고백들을 아낌없이 들려준다. 늘 이런 고객들의 메시지는 내 영혼을 따뜻하게 마사지해 준다.

나는 현장에서만 일하지 않고 어디를 가든 누구를 만나든 겸손하고 부드럽게 접촉한다. 이 접촉은 내게 성공과 사랑, 우정을 가져다준다. 좋은 메시지는 정신도 풀지만 육체도 풀어준다. 좋은 마사지는 육체도 풀지만 정신도 풀어준다.

마사지와 메시지는 하나다. 좋은 마사지가 좋은 메시지고 좋은 메시지가 좋은 마사지가 된다.

책 『스킨십의 심리학』에서 저자 필리스 데이비스는 "인생의 행복은 사랑에서 시작되고, 사랑은 스킨십에서 시작된다"라고 말한다. 행복하려면 사랑해야 한다. 사랑하려면 마사지(스킨십)해야 한다. 접촉이 없으면 행복도 사랑도 있을 수 없다. 마사지(스킨십)할 때 엔도르핀, 도파민, 옥시토신, 세로토닌 같은 행복 호르몬들이 분비된다. 이 호르몬들은 사랑할 때도 똑같이 분비된다.

행복한 연인들은 일반인보다 더 많은 스킨십으로 사랑을 표출한다. 호르몬은 인간의 마음을 지배한다. 누군가의 마음에 메시지를 주고 싶다면 마사지(스킨십)로 사랑과 행복을 전해야 한다. 가까이 있든 멀리 떨어져 있든 우리 모두는 오늘도 누군가와 닿기를 간절히 바라고 있다.

마사지(스킨십) 말투

(등 두드리며) "힘내요! 뭐든 할 수 있어요. 우리 같이 해봐요."

(악수하며) "반가워요! 잘 지내셨죠? 정말 보고 싶었어요."

(어깨 만져주며) "김 과장! 이번에 맺을 계약 때문에 스트레스가 많지? 자네를 믿네."

(안아주며) "자기야! 늘 사랑해. 또 이해해 주고 경청해 줘서 고마워."

(머리 쓰다듬으며) "아들! 어려운 영어, 수학을 예습·복습하며 공부하는 모습이 참 훌륭해!"

(손 주무르며) "엄마! 이 고사리 같은 손으로 자식들 키우느라 얼마나 힘드셨어요?!"

마사지(스킨십)는 아주 쉽다. 몸의 접촉을 기반으로 부드럽고 천천히 사랑의 마음으로 터치하는 것이다. 악수, 하이파이브, 안아주기, 팔짱 끼기, 어깨 주무르기, 등 두드리기, 머리 쓰다듬기, 손 주무르기, 옷 털어주기 등 다양한 방법이 있다. 책이나 동영상, 학원을 통해 마사지를 배워서 직접 해주는 것이 최고로 좋은 효과 만점 방법이다.

마사지(스킨십)는 인생의 모든 아픔을 잠재우는 훌륭한 백신이다. 마사지는 상대의 영혼에 깊고 효과 있게 침투하는 훌륭한 메시지다. 인간은 완전할 수 없다. 우리 모두는 영·혼·육의 장애인이다. 하지만 희망은 있다. 마사지는 모든 이들에게 희망의 메시지다. massage는 최고의 message다.

"접촉은 인간이라는 동물이 인간답게 살아가기 위한 기술이다."
–데즈먼드 모리스

271

뭘 해도
잘되는 사람의
말투

초판 1쇄 발행 2021년 06월 23일
초판 3쇄 발행 2021년 10월 15일

지은이 | 이재성
펴낸이 | 김의수
펴낸곳 | 레몬북스(제396-2011-000158호)
주 소 | 경기도 고양시 일산서구 중앙로 1455 대우시티프라자 802호
전 화 | 070-8886-8767
팩 스 | (031) 955-1580
이메일 | kus7777@hanmail.net

ISBN 979-11-91107-13-5 (03320)